三国成语故事

所向无敌

蔡嘉亮 著

人民文学出版社　天天出版社

著作权合同登记：图字 01-2022-6919

本书由鸿文万有文化有限公司授权中文简体字版，限在中国内地出版发行

图书在版编目（CIP）数据

三国成语故事. 所向无敌 / 蔡嘉亮著. -- 北京：天天出版社，2024.6
ISBN 978-7-5016-2301-3

Ⅰ.①三… Ⅱ.①蔡… Ⅲ.①汉语－成语－故事－通俗读物
Ⅳ.①H136.31-49

中国国家版本馆CIP数据核字(2024)第092708号

责任编辑：董　蕾　　　　　　　　**美术编辑：**丁　妮
责任印制：康远超　张　璞

出版发行：天天出版社有限责任公司
地　址：北京市东城区东中街 42 号　　**邮　编：**100027
市场部：010-64169902　　　　　　　　**传　真：**010-64169902
网　址：http://www.tiantianpublishing.com
邮　箱：tiantiancbs@163.com

印　刷：北京博海升彩色印刷有限公司　**经　销：**全国新华书店等
开　本：880×1230　1/32　　　　　　　**印　张：**6.625
版　次：2024 年 6 月北京第 1 版　　　　**印　次：**2024 年 6 月第 1 次印刷
字　数：110 千字

书　号：978-7-5016-2301-3　　　　　　**定　价：**42.00 元

版权所有·侵权必究
如有印装质量问题，请与本社市场部联系调换。

目录

赃污狼藉	002	升堂拜母	046
摧枯拉朽	004	开门揖盗	049
一夫之勇	007	所向无敌	052
枯树生华	010	言行计从	055
运筹演谋	013	蓝田生玉	058
色厉胆薄	016	引咎责躬	061
各为其主	018	不知所措	063
弃之可惜	021	弃瑕录用	066
下笔成章	024	闻雷失箸	069
形影相吊	026	髀肉复生	072
春华秋实	029	上楼去梯	075
普天同庆	031	挟天子以令诸侯	078
四海鼎沸	034	疏不间亲	081
乌集之众	037	变生肘腋	084
计功行赏	040	陟罚臧否	087
同符合契	043	作奸犯科	087

不知所云	090	甄奇录异	130
畏敌如虎	093	顾名思义	132
老蚌生珠	096	高才远识	135
无胫而行	098	管宁割席	137
冢中枯骨	101	倒屣迎之	140
何足介意	101	拔十得五	143
风移俗改	105	无施不效	145
百举百全	108	同心一意	147
多端寡要	108	饮醇自醉	150
直言正色	111	负重致远	153
渊清玉絜	114	同休共戚	157
闭门自守	117	出处殊涂	160
公规密谏	120	共为唇齿	163
无地自厝	122	唯利是视	166
随世沉浮	125	一举两全	169
孜孜不倦	127	进退狼狈	172

谋无遗策	175
无人之境	178
绝伦逸群	182
并驱争先	182
断头将军	185
疲于奔命	188
背本就末	191
翻然改图	191
改曲易调	194
背城一战	197
穷兵黩武	200
甘冒虎口	203
出版说明	206

赃污狼藉

■ 释　义　指贪污受贿，名声极坏。

【出　处】长吏多阿附贵戚，赃污狼藉。

（陈寿《三国志·魏志·武帝纪》）

■ 故事背景

曹操严打贪官，不畏强权。

曹操少年时机智聪敏，善权谋，但性格放浪形骸，任性妄为，更不会在德行和学问上下功夫。当时，只有梁国人桥玄和南阳人何颙赏识他，认为他将来必能成就大业。曹操二十岁时，被举荐为孝廉，逐步官至议郎。

汉灵帝光和末年（184年），黄巾起义爆发，曹操被任命为骑都尉，率军攻打颍川郡黄巾军，因平乱有功，升任为济南国相，管辖济南十多个县。曹操抵达济南履职时，发现许多地方官攀附权贵、贪赃枉法，造成济南秩序混乱。一怒之下，他便向朝廷上奏罢免贪官污吏，结果，被罢免的贪官多达八成。他又下令禁止胡乱祭祀，令奸诈之徒纷纷逃往其他郡县，济南秩序恢复。一段时间后，曹操被朝廷任命为东郡太守。不过他没有赴任，而是称病回到自己的家乡。

曹操

———————— 历代例句 ————————

中书舍人于尹躬，其弟皋谟，赃污狼藉。

（唐　白居易《贬于尹躬洋州刺史制》）

摧枯拉朽

- **释　义**　摧毁枯草,折断朽木。比喻轻而易举地将对方摧毁、打击。

- **【出　处】**　"太祖拒之。"裴松之注引三国魏王沈《魏书》:"故计行如转圜,事成如摧朽。"

（陈寿《三国志·魏志·武帝纪》）

- **近义词**　势如破竹、摧枯振朽
- **反义词**　坚不可摧

■ 故事背景

刺史王芬欲游说曹操联手废帝,被曹操拒绝。

曹操被征召为东郡太守时,以养病为由辞任回乡。不久,冀州刺史王芬、南阳人许攸和沛国人周旌等人密谋废掉灵帝,另立合肥侯为皇帝。他们邀请曹操加入,但为曹操所拒绝。曹操指出,废立皇帝是天下最不吉祥的事,古人也有权衡成败才决定是否行动的先例。他举例,商汤宰辅伊尹身居百官之上,在实施废立上也是计划好才能成大事;汉武帝辅政大臣霍光废立昌邑王也是因为被托付了管理国家的重任,他身居朝臣的高位,皇宫内有太后支持,皇宫外有百官与他同心协力，加上昌邑王即位时间尚短，霍光实施计划时才能像转动圆球般顺利，像摧折枯枝朽木般容易。曹操说："你们现在只看眼前人容易办事，却没有看到进行时会遇到的困难。各位应仔细想一想，你们的同盟者中，有哪些方面能与七国相比，合肥侯与吴、楚相比，又是谁较尊贵？你们要做这等大事，不是很危险吗？"王芬等人终以失败告终。

历代例句

镌金石者难为功，摧枯朽者易为力，其势然也。

（东汉　班固《汉书·异姓诸侯王表序》）

溯流之众，势不自救，将军之举武昌，若摧枯拉朽，何所顾虑乎。

（唐　房玄龄等《晋书》）

涤除贪破浪，愁绝付摧枯。

（唐　杜甫《北风》诗）

以国家兵甲精锐，翦太原之孤垒，如摧枯拉朽尔，何为而不可。

(元 脱脱等《宋史·曹彬传》)

而况假主公之雄威，更仗诸将之戮力，则摧枯拉朽，如夏日之溃春冰。

(明 梁辰鱼《浣纱记·伐越》)

国初豫通王下江南时，所至摧朽拉枯，无不立下。

(清 昭梿《啸亭杂录·江阴口谈之诬》)

旧社会之崩溃有如摧枯拉朽。

(近代 邹韬奋《不能两全》)

一夫之勇

■ 释　义　犹言匹夫之勇，指毫无智谋，单凭个人力量蛮干的勇气。

【出　处】颜良文丑，一夫之勇耳，可一战而禽也。

（陈寿《三国志·魏志·荀彧传》）

■ 近义词　匹夫之勇
■ 反义词　文武双全

■ 故事背景

荀彧形容袁绍的大将有勇无谋，不足为惧。

曹操迎接献帝并迁都许昌初期，群雄各自据地称雄，曹操欲挥军讨伐袁绍，于是向荀彧征询意见。

荀彧曾在袁绍阵营作客，对袁绍及其部下的情况可谓了如指掌。他指出，袁绍多疑善妒，办事犹豫不决，手下的军队军纪松懈，士兵虽多但难以发挥作用。袁绍只不过倚仗家世，才吸引那些没有真才实学的人追随。荀彧认为，曹操知人善任，处事英明果断，军令严明，赏罚分明，因此士兵奋勇作战，有实力的人都愿意投靠，所以绝对有能力辅佐天子，讨伐叛逆。

荀彧建议曹操，若要攻取黄河以北地区，必须先在河南地区除掉吕布。曹操担心袁绍会勾结羌人和胡人，以及南方的蜀汉，乘虚侵扰关中。荀彧则认为，关中的首领虽多，但当中只有韩遂和马超的实力较强，若能招抚他们，即使不能长保安定，也足以在曹军平定山东时不受其侵扰。因此，只要派钟繇守着西边，就无后顾之忧。

荀彧

建安三年（198年），曹操打败张绣，又向东擒获吕布，平定徐州后，开始与袁绍对抗。孔融认为袁绍身边忠臣猛将众多，担心难以对付。荀彧进一步分析袁绍身边重要谋臣的性格，田丰刚直会激怒袁绍，许攸贪婪而且行为不检点，审配专横却缺乏谋略，逢纪刚愎自用。若许攸家人犯法，审配、逢纪一定不会纵容，许攸必定因此而叛变。至于颜良和文丑，不过是有勇无谋的匹夫，轻易就可擒获他们。

建安五年，曹操与袁绍已连续交战了一段时间，固守官渡的曹军被袁军包围，曹军的军粮即将吃完，曹操欲退兵引诱袁绍进入许县，但荀彧反对，认为先退的一方会处于被动，既然曹军只有敌方十分之一的军力也抵抗了敌军半年，现在敌方士气已经枯竭，正是使用奇谋突袭的大好机会。曹操依荀彧所言，突袭袁绍军粮的驻地，袁绍退兵。此时，许攸家人因不守法度而被捕，许攸果真背叛袁绍。颜良、文丑阵前被斩，田丰因劝谏触怒袁绍而被杀，一切都在荀彧预料之中。

荀彧深入分析两阵形势，知己知彼，自然可以百战百胜，助曹操雄霸北方。

■ 延伸阅读

三国战将如云，一夫之勇只属一介武夫而已。智勇双全，儒将文武兼备，方为最高境界。

———— 历代例句 ————

郤谷悦礼乐，敦《诗》《书》，为晋元帅；杜预射不穿札，建平吴之勋。是知中权制谋，不取一夫之勇。

（北宋　司马光《资治通鉴》）

枯树生华

- **释　义**　枯萎了的树木也可生出花朵，比喻绝境逢生。

- **【出　处】**　上疏："臣罪应倾宗，祸应覆族，遭乾坤之灵，值时来之运，扬汤止沸，使不燋烂，起烟于寒灰之上，生华于已枯之木，物不答施于天地，子不谢生于父母，可以死效，难用笔陈。"

（陈寿《三国志·魏志·刘廙传》）

- **近义词**　枯木逢春
- **反义词**　万劫不复

■ 故事背景

刘廙感谢曹操不杀之恩。

刘廙的兄长刘望之本在荆州牧刘表手下担任从事，但因朋友犯上谗毁的罪名被刘表杀害，刘望之就以政见不合辞官回乡。刘廙担心刘表不会放过兄长，便劝他远逃。刘望之没有听从，结果真的遇害。刘廙害怕自己也会被害，于是逃往扬州，投靠曹操。曹操聘他为丞相府的属员，后转任五官将文学，甚得当时的五官中郎将曹丕器重。

建安十八年（213年），曹操获封为魏公，刘廙任黄门侍郎。不久，曹操欲率兵攻打蜀国，刘廙上疏劝阻，建议曹操像周文王一样，先休养生息，安邦治国，鼓励农桑，厉行节约，这样整治十年后，一定会国富民安。曹操虽然没有采纳刘廙的劝谏，但依然对刘廙非常信任。

建安二十四年，曹操进军汉中时，魏讽策划谋反，刘廙的弟弟刘伟受牵连，按照律法，刘廙应与其一并处死，但曹操下令赦免刘廙，还升他为丞相仓曹属。刘廙上疏感谢曹操："臣所犯的罪理应祸灭宗族，幸好遇到天地之英灵，上天眷顾，承蒙主公错爱，令我全家得免于难，恩德犹如寒灰上复燃烟火，枯木上重长鲜花。万物不知如何感谢生养它的天地，儿子不知道怎样才能报答父母。臣除了誓死效忠外，难以用言语表达感激之情。"

刘廙共撰写了几十篇文章，并与丁仪一同论述过列法礼制，著作都流传于世。文帝曹丕即位后，任刘廙为侍中，赐封关内侯。

―――――― 历代例句 ――――――

我一命如同草头露滴，今日得了这银子呵，一似枯木生花，阳春布泽。

（明 沈受先《三元记·完璧》）

（匡仁）遂造洞山，值山早参，出问："未有之言，请师示诲。"……山他日上堂曰："欲知此事，直须如枯木生花，方与他合。"

（南宋　杭州灵隐寺普济编集《五灯会元》）

运筹演谋

- **释　义**　筹划情况，拟订作战策略。

【出　处】　太祖运筹演谋，鞭挞宇内。

（陈寿《三国志·魏志·武帝纪》）

- **近义词**　运筹出奇、运筹决策

■ 故事背景

曹操军法严苛，指挥作战时谋划周详，运筹帷幄。

建安二十五年（220年）正月，曹操在洛阳病逝，终年六十六岁。曹操遗命："天下未定，故不能遵循古代的丧葬旧制。下葬以后，立即脱去孝服。所有戍守边境的将领，都不准离开驻守之地，所有官员要各尽其职。装殓只需用当时所穿的衣服，无须以金银珠宝陪葬。"曹操谥号武王，安葬于高陵。

据《曹瞒传》记载，曹操生性多疑残暴，军法严苛。当初，沛国相袁忠曾想依法处置曹操，沛国人桓邵也瞧不起曹操。后来曹操担任兖州官吏，边让曾诋毁曹操，曹操杀掉边让及其家人，吓得袁忠和桓邵逃往交州，曹操就派人前往交州，命交州太守诛杀袁忠及其家人。即使后来桓邵自首请求原谅，曹操也不放过。

有一次，曹操带兵路经麦田，命令士兵不得破坏麦田，违令者死。士兵便小心翼翼地拉着马，拨开麦子徒步前进。可是曹操的马却跑进了麦田，他命主簿对他进行处罚，其属下自然没有这个胆量。曹操认为，自己定法而犯法，若不受罚便难以服众，然而部队不能无人领军，于是就挥剑割掉头发扔在地上。

还有一次，曹操讨伐反贼，发觉粮食不足，便暗中问管粮的官员有何办法，那官员建议用小斛发放军粮。曹操同意，后来被士兵发现并传言曹操欺骗大家。曹操就处死了那个官员，并宣告是粮官偷窃官府的粮食，以小斛发粮，故而将粮官治罪。

不过陈寿这样评论曹操：曹操身处东汉末年，天下大乱，群雄四起，袁绍像猛虎般四处抢掠，兵强地广，无人能敌。太祖曹操运筹帷幄，计谋细密周全，雄才大略，领兵东征西讨，足迹遍及九州。他采取申不害、商鞅的治国方法和策略，兼采韩信、白起的奇谋妙计，设置官府招纳人才，因地制宜地发挥他们的才干，克制自己的感情，不计私怨，最终能够总揽政权，成就大业。正是因为他才智过人，堪称一代豪杰。

色厉胆薄

■ 释　义　外表强硬，内心软弱。

【出　处】吾知绍之为人，志大而智小，色厉而胆薄，忌克而少威。

（陈寿《三国志·魏志·武帝纪》）

■ 近义词　色厉内荏
■ 反义词　外怯内勇

■ 故事背景

曹操批评袁绍志大才疏，空有外表，不足为惧。

建安四年（199年），袁绍击败公孙瓒，占据了冀、青、幽、并四州。第二年，袁绍率领十余万大军进攻许都，曹操手下的一众将士都认为袁绍势不可挡，唯独曹操不赞同，他笑道："我深知袁绍为人，他志大才疏，徒有其表，其实内心怯懦，妒忌心重，好胜但缺乏威信，兵虽然多但不懂调度，将领骄傲而政令难以统一。他统治的土地辽阔、粮食丰足，正好作为献给我的礼物。"秋八月，曹操进军黎阳，派臧霸等人进入青州，攻破齐国、北海国和未安郡，留于禁驻扎黄河。九月，曹操回到许都，分兵把守官渡。冬十一月，张绣率众投降，被封为列侯，十二月曹操进军官渡。

■ 延伸学习

袁绍

袁绍与曹操自少年时便相识，曹操非常了解袁绍。在此话前，曹操曾论说和评论过袁绍的一些举动。如召董卓入京、拟刘虞当皇帝，等等。事实上袁绍作为领袖的表现，如幼儿生病不出兵等，也都可证明曹操对他的批评所言不虚。中国传统教育中注重培养人的气宇和识见，是有道理的。

———— 历代例句 ————

袁绍色厉胆薄，好谋无断；干大事而惜身，见小利而忘命，非英雄也。

（明　罗贯中《三国演义》）

各为其主

■ 释　义　各人效忠于各自的主子。

【出　处】　彼各为其主，勿追也。

（陈寿《三国志·蜀志·关羽传》）

■ 近义词　各事其主

■ 故事背景

曹操赏识关羽的忠义，任由他逃回刘备阵营。

关羽是河东郡人，逃难到涿郡时遇上刘备募兵，关羽加盟，因此与张飞成为刘备的武将。三人同榻而眠，情如兄弟，在人多的地方，两人也会在一旁侍奉刘备。两人跟随刘备四处征战，刘备进攻徐州，杀掉徐州刺史车胄后，派关羽镇守下邳。

建安五年（200年），曹操东征，刘备投奔袁绍，关羽被曹操擒获。曹操敬重关羽的义气，任命关羽为偏将军，对他礼遇有加。不过曹操也观察到关羽心在刘备，不会长时间留下来，于是派与关羽有交情的部将张辽试探。关羽也明言自己是身在曹营心在汉，虽然感激曹操的礼待，但刘备有恩于他，他发誓要与刘备生死与共，不能背叛刘备。虽然不会留在曹军，但关羽表示一定会立功报答曹操后再离去。曹操得悉后更加敬重关羽的为人。

不久，袁绍派大将颜良进攻东郡，曹操派张辽与关羽对抗。关羽见到颜良的旌幡和伞盖时二话不说便提刀策马，冲往敌方，一刀斩下颜良首级，回去送给曹操。袁军退兵，解除了白马之围。曹操大喜，上表封关羽为汉寿亭侯，并大加赏赐。关羽把所有赏赐都封存起来，写信告辞，然后到袁绍军中，与刘备重会。曹操身边的人想去追回关羽，但曹操说："各人都会效忠自己的主人，他只是选择效忠他的主子，不要追了。"

■ 延伸学习

曹操作为一代历史人物，他性格中的一大优点，是懂得欣赏"忠义之士"。其实在三国人物中，这样的人物和故事并不少，刘备、诸葛亮都有这种故事。出色的领袖才能固然重要，有容人之量则更加难得。另外，东汉推崇尊忠义、重气节的风气，到汉末三国，风气依然。有这样的风气，有这样的人物，所以三国时代才会那么精彩。

---- 历代例句 ----

彼此各为其主，不必多言，放下马来。

（明　梁辰鱼《浣纱记·交战》）

这是宋家遗民，各为其主之作，怎么算是逆书？

（清　吴趼人《痛史》）

弃之可惜

■ 释　义　留着无多大用处,扔掉又未免可惜。

【出　处】"备因险拒守。"裴松之注引《九州春秋》:"时王欲还,出令曰'鸡肋',官属不知所谓。主簿杨修便自严装,人惊问修:'何以知之?'修曰:'夫鸡肋,弃之如可惜,食之无所得,以比汉中,知王欲还也。'"

(陈寿《三国志·魏志·武帝纪》)

■ 故事背景

杨修跟随曹操出兵汉中时,推测曹操欲退兵,惹来曹操气愤。

杨修博学多才,建安年间被推举为孝廉,后担任曹操的主簿。当时曹操统军治国事务繁多,杨修辅助曹操处理内外事务,受到曹操器重。曹操的儿子曹丕和曹植等亦与他交好,其中曹植更与他交情深厚,杨修曾多次帮助曹植通过曹操的考验。曹操发现此事后非常气愤,除了对曹植的宠爱大不如前外,更开始对杨修有所顾忌。

建安二十四年(219年),夏侯渊在阳平关交战中被刘备所杀，曹操率军从长安出发，穿越斜谷，派兵占据各个险要后迫近汉中（即汉中之战）。来到阳平关后，刘备利用险阻地形进行防守，两军相持不下，曹操欲退兵，向军中发出口令"鸡肋"，属下官员都不明所以，只有杨修收拾行装。众人感到奇怪，问杨修原因，杨修回答："鸡肋，鸡肋，扔掉可惜，但吃又什么也吃不到。用鸡肋来比喻汉中，就知道大王要撤军回去了。"不久，曹操果然撤军返回长安。不过，曹操也对杨修一再猜测到他的心意感到恼恨忌惮。

同年，曹植与杨修醉酒闹事，擅闯司马门，并因诽谤曹彰遭人举报，于是曹操借此机会，以泄露上级的告谕、私通诸侯的罪名，将杨修处死。

■ 延伸阅读

《杨修之死》是中国南北戏剧中一出著名的剧目，主要表现了杨修的逞才，为心胸狭隘的曹操所忌杀。其实曹操之所以要诛杀杨修，有多种可能。杨修是曾任太尉的杨彪之子，杨彪曾为曹操所困迫。杨修虽以才干被曹操提拔，但曹操对他仍不无疑虑。在曹丕、曹植嗣位之争中，杨修被视为曹植的谋主,更为曹操所忌。何况曹操出身于宦官之"浊流"家世,而杨家在汉末与"四世三公"袁家齐名,杨氏是袁氏甥,这也牵涉到汉魏高门与寒门政治斗争的暗流。曹操之所以杀杨修,并非忌才那么简单。《典略》就说杨修"谦恭才博","植后以骄纵见疏,而植故连缀修不止,修亦不敢自绝。……修临死,谓故人曰:'我固自以死之晚也'",可见事缘并不简单。

---- 历代例句 ----

因为这是一篇我们的"改悔的革命家"的标本作品,弃之可惜,谨录全文。

(近代 鲁迅《准风月谈》)

下笔成章

- **释 义** 提笔一挥就写成了文章。形容才思敏捷。

- 【出 处】 言出为论,下笔成章。

  （陈寿《三国志·魏志·陈思王植传》）

- **近义词** 下笔成篇、出口成章

■ 故事背景

曹植文采出众,得到曹操疼爱。

曹植十多岁时已能背诵讲解《诗经》《论语》和诗辞歌赋等数十万字,而且写得一手好文章。曹操看过曹植的文章,讶异地问曹植:"你是请人代作的吗?"曹植跪下回应:"我是言出成论,下笔成文,父亲可以当面考我,我何需请人代作呢?"铜雀台刚建成时,曹操带着

曹植

所有儿子登上楼台,让他们各自作赋,曹植挥笔而就,文采措辞华丽可观,曹操惊异于他的才华。

曹植才华出众,甚得曹操疼爱,几次欲立他为太子,可是曹植为人任性,且爱饮酒,令曹操有所犹豫。相反,曹丕则善用权术讨好曹操及其身边的人,令曹操身边的人都为他说好话,最后,曹操立曹丕为太子。

―――――― 历代例句 ――――――

陈寿评曰:"文帝天资文藻,下笔成章,博闻强识,才艺兼该。"

(陈寿《三国志》)

坚僭号,拜侍中,寻除中军将军。融聪辩明慧,下笔成章,至于谈玄论道,虽道安无以出之。

(唐 房玄龄等《晋书》)

形影相吊

■ 释　义　只有自己的身体和影子互相慰问。形容无依无靠,非常孤单。

【出　处】朝京都上疏:"形影相吊,五情愧赧。"

（陈寿《三国志·魏志·陈思王植传》）

■ 近义词　形单影只、孑然一身
■ 反义词　前呼后拥、形影不离

■ 故事背景

曹植不愿被投闲置散,于是向文帝曹丕自荐,希望为国效力。

黄初元年（220年）,曹丕即位为文帝后,将曹植和诸侯遣回各自的封邑。曹丕虽欲加害曹植,但碍于太后的缘故,只贬他为安乡侯,后又改封为鄄城侯。

黄初四年,曹植获封为雍丘王。这一年,曹植获诏往京,他向文帝上疏忏悔并自荐。

他说:"我回到封邑后,一直不能忘记曾犯的过错,食难安、夜难眠,深明皇命不可再犯,不可以再仗着皇帝的疼爱而骄矜自傲。我深深领会到《相鼠》这篇文章提醒人们必须讲究礼仪，人若无礼，活着也没有意义的含义。我孤苦一人，常怀歉疚之心，然而，若我因有罪而放弃生命，就违背古代有贤德的人有'夕改'之言，'日间犯错，晚上悔改'的劝勉。若忍辱偷生，则违背'胡颜'所形容的'何不快快死去'的讥讽。我真诚地俯伏在地上思考陛下的大恩大德和爱民若子的恩情，陛下施行德政如春风一般，像及时雨一样珍贵。容许罪臣将功补过是明君所为，怜悯愚庸，爱护有能力者是慈父，愚臣在皇上的恩泽当中，没有自暴自弃。皇上曾下诏禁止我们朝会，我本心灰意冷，以为这一辈子都难再有机会朝见皇上，如今得到陛下纡尊降贵召见，我回到京师，盼能与皇上见面。然而我回京后至今仍未获得陛下召见，我实在心急如焚。"

曹植在奏疏中还感谢曹丕宽恕他的过错，仍赐予他锦衣玉食，自己实在愧对已故的父亲，亦愧对朝廷天子。他恳求曹丕准他赴东岳泰山，或南征孙权，让他将功补过。

曹丕虽然也欣赏曹植的奏疏文辞优美、寓意深刻，却只用诏书鼓励他，始终没有答应曹植的请求。

———————— 历代例句 ————————

那时孑然一身,形影相吊。

(明 周楫《西湖二集》)

只是一人独处,茕茕孑立,形影相吊,未免凄凉寂寞。

(近代 刘绍棠《花街》)

春华秋实

■ 释　义　春天开花，秋天结果。比喻耕耘才会有收获。

【出　处】　私惧观者将谓君侯习近不肖，礼贤不足，采庶子之春华，忘家丞之秋实。

（陈寿《三国志·魏志·邢颙传》）

■ 故事背景

　　刘桢认为邢颙是高尚文雅的人，劝曹植应以礼相待。

　　东汉末年，河间人邢颙获举荐为孝廉，但他没有接受，还改名换姓迁到右北平，跟随田畴在北方游学。建安十年（205年），曹操平定冀州。邢颙认为曹操法令严明，是值得追随的人，便投靠曹操，并自荐担任向导，助曹操夺取柳城。

　　曹操为儿子们挑选属官，他下令说："侯爵家的官吏必须是像邢颙那样严守法度的人。"邢颙被任命为平原侯曹植的家丞。邢颙谨守礼仪，小心翼翼地提防曹植，因此两人关系疏离。曹植庶子刘桢写信劝曹植:"家丞邢颙是北方读书人中才能最杰出的,年少时便能坚守高尚的节操,沉稳干练,淡薄寡欲,是真正品行高洁的人。我没有资格与他并列在你的左右,但你对我特殊礼遇,对邢颙就态度冷淡,我担心你身边的人会说你坏话,批评你不尊重贤者,只欣赏庶子的文采,却忽视家丞的德行,因而向上诽谤你,所以我辗转难安。"后来邢颙转任参丞相军事,又被任命为东曹掾。

曹操就选立继承人一事犹豫不决,便问邢颙的意见,邢颙说:"以庶代嫡,在先代已有例子作为警戒,希望你小心考虑啊!"曹操明白他的心意,后来曹操就选择曹丕为继承人,并任命邢颙为太子少傅,后升任太傅。

建安二十五年,曹丕称帝,任邢颙为侍中尚书仆射,赐爵关内侯,出任司隶校尉,再升任太常。黄初四年,邢颙去世,儿子邢友继承他的爵位。

---- 历代例句 ----

春发其华,秋收其实,有始有极,爰登其质。

(南朝 刘宋范晔《后汉书》)

普天同庆

- **释　义**　全天下的人共同庆祝。旧时多用为歌颂帝王喜庆的套语。

- 【出　处】　今溥（普）天同庆而卿最留迟，何也？

（陈寿《三国志·魏志·郭淮传》）

- **近义词**　率土同庆
- **反义词**　怨声载道

■ 故事背景

郭淮奉命祝贺魏文帝受禅登基，途中因生病而迟到，但文帝不予追究。

建安年间，郭淮曾入曹丕门下，后调往丞相府并跟随曹操征讨汉中。曹操返洛阳时，留夏侯渊在汉中抵御刘备，郭淮为夏侯渊的司马。夏侯渊和刘备交战，郭淮因病没有出阵。夏侯渊被杀害后，兵将惶恐不安，郭淮重整军力，推举张郃为主帅，各营才安定下来。

第二天，刘备准备渡汉水来攻，郭淮决定假意远离汉水诱敌，待敌军渡到一半时进行攻击。不过刘备没有渡江，郭淮一边坚守阵地，一边上书向曹操报告情况，获曹操赞赏。

曹丕继位后，封郭淮为关内侯，转任镇西将军长史，代理征羌护军之职，协助张郃与杨秋讨伐山贼和叛乱的胡人。关中局势安定下来，百姓安居乐业。

黄初元年（220年），郭淮奉命到洛阳祝贺曹丕受禅登基，但因途中染病，所以迟了几天。群臣欢宴时，曹丕严斥郭淮："从前大禹在涂山大宴诸侯，防风氏来晚了，禹就把他杀了。今天举国臣民都一起庆祝，你有什么理由迟来？"郭淮答道："微臣听说五帝以德教化臣民，夏禹之子夏启登位后政治败坏而使用刑罚。如今微臣正赶上尧舜盛世，所以自知不会招致像防风氏那样的杀身之祸。"曹丕听后大喜，命郭淮兼任雍州刺史，封射阳亭侯，并在黄初五年，正式任命他为雍州刺史，后来平定安定郡羌族首领辟泛的叛乱。每当羌、胡有人归降，郭淮都会先派人详细了解他们的亲戚关系、男女数量、年龄等。待见到他们时，一两句话便知道他们的情况，众人都赞扬他细心精明。

其后，郭淮在对抗诸葛亮时一再洞悉诸葛亮的计谋，令蜀军无功而返。

—— 历代例句 ——

今皇太子国之储副,既已崇建,普天同庆,诸应上礼奉贺。

(唐 房玄龄等《晋书》)

四海鼎沸

■ 释　义　形容局势不稳，天下大乱。

【出　处】"使兼御史大夫张音持节奉玺绶禅位。"裴松之注引《献帝传》："当时则四海鼎沸，既没则祸发宫廷，宠势并竭，帝室遂卑。"

（陈寿《三国志·魏志·文帝纪》）

■ 近义词　天下大乱
■ 反义词　四海升平

■ 故事背景

汉献帝将帝位禅让给曹丕，众臣劝曹丕接受。

建安二十五年（220年），曹操去世，世子曹丕继位为丞相兼魏王。曹丕亲信华歆等人联名上奏，要求献帝让出帝位予曹丕，献帝无奈，唯有把帝位禅让给曹丕。献帝在册书中表示，自己在位以来，国家动乱，幸得魏武王曹操拯救了四方危难，才得保社稷。现在魏王继承前人的事业，文治武功，盛德彰显，上天亦降下祥瑞，人神响应，故决定仿效尧舜，将帝位禅让予曹丕。

群臣亦纷纷劝曹丕受禅称帝。太史丞许芝、左中郎李伏、尚书令桓阶、侍中刘廙、常侍卫臻、辅国将军刘若等逾百位朝臣纷纷上奏，道出汉帝遵循尧舜"天下为公"的主张禅让帝位，吉祥的征兆已清楚明白，而百姓亦归向曹魏，理应顺天应人，接受禅让。

此外，相国华歆、太尉贾诩、御史大夫王朗以及九卿上奏，除复述汉帝和朝臣的意愿外，更说道：

汉献帝

"汉朝自章帝、和帝开始逐渐衰败，至灵帝时朝纲败坏，民不聊生，令天怒人怨，国家像是大鼎煮沸的水一样，天下大乱、局势动荡，最终祸延宫廷，权臣失势，皇室衰败。献帝就像帝舜末年一样，将帝位禅让给圣明的君主。"他们认为，皇帝既然降低身份献出帝位，就应接受皇朝更迭，顺合人神的意向。

虽然众臣一再请求曹丕受禅，但曹丕一再上书献帝推辞。相国华歆等再冒死劝谏，要求曹丕建坛场，备好礼节和仪式，选择吉日，备三牲酒礼，祷告苍天，待祭祀完成后，登帝位。

这次，曹丕不再推辞。献帝颁下诏书，请曹丕尽快登帝位。尚书令桓阶等人命太史令择定登位吉日。于是在洛阳修筑拜天的祭坛,建安二十五年十月二十八日,曹丕登坛祭告天地后即帝位,将年号改为黄初,并大赦天下。

———— 历代例句 ————

若四海鼎沸,豪杰并起,吾与足下当相避于中原耳。

（唐　房玄龄等《晋书》）

乌集之众

- **释　义**　指临时杂凑的，毫无组织纪律的一群人。

- **【出　处】**　明府用乌集之众，驱散附之士。

　　　　　　　　　　　　　　　（陈寿《三国志·吴志·虞翻传》）

- **近义词**　乌合之众

■ 故事背景

　　虞翻称赞孙策动用乌合之众，便可驾驭归附的人，连汉高祖刘邦都不及他。

　　虞翻是会稽郡余姚人，早年被会稽太守王朗任命为功曹。建安元年（196年），孙策征讨会稽，虞翻当时正为父亲守丧，但仍匆匆赶往郡府门前，王朗想迎接他进府，虞翻便脱下孝服进内拜见。虞翻劝王朗应避开孙策，但王朗没有听从他的建议。果然不出虞翻所料，王朗被孙策击败，仓皇逃到海上。虞翻跟随至海上，保护王朗逃到东部侯官县，并劝服侯官县长开城门放他们进城。王朗以虞翻家有年迈母亲为由，让虞翻回家。虞翻回到会稽后，孙策仍任命他为功曹，并以朋友之礼待他，又亲去他家拜访。自此，虞翻便跟随孙策四处征战。

孙策爱好骑马狩猎，有一日独自骑马出游时，在山上遇到虞翻。虞翻觉得孙策这样做太危险了，便劝谏说："你动用乌合之众便能驾驭本来没有真心归附的人，还可以令他们甘心为你效力，即使是汉高祖也不及你。然而你轻易微服出行，随从来不及整理行装，官兵们也为此而苦恼。作为领袖，如果不庄重就不能树立威信。所以白龙变成鱼，就惹来豫且（春秋宋国渔人）射它的眼睛；白蛇自我放任，就遭到刘邦射杀。希望你稍加注意。"孙策听后说："你说得对，可我经常思考事情，坐在家里有时实在太烦闷，就像裨谌（春秋郑国大夫）草拟计划时那样，我才会外出行猎解闷。"

后来，虞翻出任富春县县长。建安五年（200年），孙策去世，孙权继位，不过虞翻的率直性格经常惹怒孙权，最终被孙权流放到交州。

―――― 历代例句 ――――

故汉祖奋三尺之剑,驱乌集之众,五年之中而成帝业。

(三国魏 曹冏《六代论》)

计功行赏

- **释 义** 计算功劳大小多少,给予奖赏。

- **【出 处】** "虞翻字仲翔。"裴松之注引晋虞溥《江表传》:"策既定豫章,引军还吴,飨赐将士,计功行赏。"

  (陈寿《三国志·吴志·虞翻传》)

- **近义词** 计功受赏、计勋行赏、计功受爵

■ 故事背景

孙策平定豫章后,犒赏将士,论功行赏。

建安五年(200年),孙策击败黄祖后,欲进攻豫章。孙策特地请来会稽功曹虞翻,对他说:"华歆虽然闻名于世,但论才略并非我的对手,而且听说他只有很少的战备物资。如果他不打开城门,只怕我的战鼓一响,势必生灵涂炭。不如你去见华歆,道明我的心意。"

虞翻便换上便服,到郡里见华歆。他对华歆说:"虽然你名气响彻全国,但与我的同乡王朗相比,谁的名气更大?"华歆回答道:"我不及他。"虞翻又问:"豫章的

军用物资、粮草和兵器,将士的勇敢程度,能比得上我的家乡会稽吗?"华歆回应:"我们不及会稽。"虞翻再问:"讨逆将军(指孙策)智谋过人,调兵遣将如同神人,你亲眼看着他赶走了扬州牧刘繇,你亦听闻他平定了我的家乡,如今你守着这孤立无援的豫章,军需物资又不足,你再不早一点为自己前途打算,将来后悔也来不及啊!现在我们的大军已屯驻在椒丘,我马上就要回去,如果明天还收不到你的公文,我就再不管你的事了。"

孙坚

虞翻离去后,华歆第二天清早便出城,派官吏迎接孙策。孙策平定豫章后回到吴郡,设宴犒赏众将士,并按他们的功勋给出赏赐。孙策赞赏虞翻的智谋,更任命虞翻继续当会稽功曹。三日后,虞翻便回到家乡会稽。

―――――― 历代例句 ――――――

计功而行赏,程能而授事。

（战国　韩非《八说》）

汴既下,计功行赏,授虎符,管领女直、汉军都元帅。

（元　黄溍《宛平王氏先茔碑》）

同符合契

■ 释　义　比喻完全相合，完全相同。

【出　处】"术（袁术）甚奇之，以坚（孙坚）部曲还策。"裴松之注引《吴历》："策曰：'一与君同符合契，有永固之分，今便行矣。'"

（陈寿《三国志·吴志·孙策传》）

■ 故事背景

孙策向张纮请教事业发展的策略，发觉自己所想和张纮的建议完全相同。

孙坚去世，孙策将父亲归葬后，自己迁往江都县居住。其时，著名学者张纮刚好在江都为母亲守孝。孙策慕名数度拜访张纮，请教他对天下局势的看法。孙策对他剖白自己复兴汉室的计划，说："先父曾与袁术一起讨伐董卓，可是功业未成已被黄祖害死。我虽见识浅薄，但仍有微小志向。我想先请求袁术将先父的旧部下交还给我，然后到丹阳依靠舅舅丹阳太守吴景，再招揽流散的兵士，向东占据吴郡和会稽，报仇雪恨，成为保护朝廷的外藩，你有什么意见？"初时，张纮一再以自己才疏学浅且有孝在身而婉拒，但看到孙策言辞恳切而且满怀壮志，还激动得一边说话一边流泪，张纮终于被打动。

张纮跟孙策说："从前周朝王室崩坏，齐桓公和晋文公一起复兴周室；王室安定后，诸侯便只能尽臣子的本分进贡。如今你继承先侯（指孙坚）的志向，又骁勇善战，若投奔丹阳，在吴郡、会稽招集兵马，你就可以统一荆州、扬州，杀敌报仇。到时你占据长江，奋发威德，铲除叛臣，匡扶汉室，所建功业足与齐桓、晋文相比，成就又怎会仅限于做朝廷的外藩呢？当今乱世，若你能成大事，我自当与志同道合的朋友南渡来帮助你。"孙策大喜，说道："我完全赞同，你的意见和我的想法如此一致，愿我们情谊永固。我现在就起程，按你意见行事。家中母亲和幼弟拜托你照顾，那我就无后顾之忧了。"

孙策依计划而行，袁术虽欣赏孙策的才华，但始终不甘心交还孙坚的旧部下。直至兴平元年（194年），袁术派吴景和孙贲对抗朝廷派来任扬州刺史的刘繇，孙策以出兵帮助吴景为由，再要求袁术交回孙坚的旧部下，袁术答应。孙策便领军到丹阳与吴景会合，沿途不断有人投奔，到了丹阳，孙策军队已增至五六千人，而孙策母亲和张纮亦已到丹阳与孙策会合。

■ 延伸阅读

张纮与孙策的对话，为日后孙权建立吴国奠定了基础。犹如荀彧向曹操提议以河南为基地，诸葛亮向刘备提出的《隆中对》，以及其后鲁肃向孙权提议溯江而西，为三国鼎立奠下重要的基石。

—————— 历代例句 ——————

赤雀衔书，止于酆户，周之受命，兴乎此祥。即事所观，同符合契。

（北周　庾信《齐王进赤雀表》）

升堂拜母

- **释　义**　汉代时的风俗习惯，交情深厚的人相访时，常以进入后堂，拜候对方的母亲为礼节。指双方共结为通家之好。

- **【出　处】**（孙）坚子策与瑜同年，独相友善，瑜推道南大宅以舍策，升堂拜母，有无通共。

（陈寿《三国志·吴志·周瑜传》）

- **近义词**　八拜之交

■ 故事背景

　　孙策与周瑜交情深厚，按当时的礼节，互访时都会先进入后堂拜见对方的母亲。

　　周瑜，庐江舒县人，出身官宦世家。东汉末年，孙坚起义讨伐董卓，将家眷安置到舒县。孙坚的儿子孙策与周瑜同年，两人一见如故，情如兄弟。周瑜将其中一所大宅院给孙策一家居住，并进入后堂拜谒孙策的母亲，以符合后辈的礼仪；各种生活所需，两家人也都会共用，互通有无。

　　周瑜的叔父周尚为丹阳太守，周瑜前往探望。刚巧孙策到了历阳,正准备东渡长江,孙策派人送信告知周瑜,周瑜即领兵与孙策会合,并跟随孙策往东进发。他们所向披靡,占领多个郡县。短短几年,孙策已拥兵几万人。他自信兵力已可以攻取吴郡、会稽郡,平定山越,于是命周瑜回去镇守丹阳。

不久,袁术派自己的堂弟替代周尚出任历阳太守,周瑜便与周尚回到寿春。虽然袁术想任命周瑜为部将,但周瑜觉得袁术不会有所成就,于是请求袁术任命自己为县长,借此返回江东吴郡。

建安三年(198年),孙策亲自前往吴郡迎接周瑜,任他为中郎将,同时调拨二千兵卒、五十匹军马给周瑜。周瑜时年二十四岁。自此,周瑜便成为吴国举足轻重的重臣。

■ 延伸阅读

孙策与周瑜真的做到了"莫逆之交""刎颈之交""生死之交"。中国人重视友情,历代文学作品中以朋友为主题的所占比例很大。汉魏有拜亲交友的风尚,即交友时也会行拜亲之礼。孙策除与周瑜有过拜亲之礼外,也曾与张昭和鲁肃升堂拜亲。三国人物中，鲁肃与吕蒙，吕蒙与甘宁，盛宪与孔融等，也都有拜亲的记载。

---- 历代例句 ----

范式与汝南张劭为友。二人告归乡里，式约劭二年后过劭拜尊亲，见孺子。到期劭母酝酒，式果到，升堂拜母，饮尽欢而别。

（北宋　李昉等《太平御览》）

开门揖盗

■ **释　义**　打开门请强盗进来。比喻引进坏人，招致祸患。

【出　处】（孙策）长史张昭谓权曰："……况今奸宄竞逐，豺狼满道，乃欲哀亲戚，顾礼制，是犹开门而揖盗，未可以为仁也。"

（陈寿《三国志·吴志·吴主传》）

■ 故事背景

张昭劝孙权振作起来，继承孙策的志向，带领吴国建功立业。

孙权字仲谋，少年时就跟在兄长孙策身边。孙策平定江东诸郡时，孙权只有十五岁。

建安五年（200年），孙策去世，将军政大事交给孙权。孙权对兄长身亡非常悲伤，终日以泪洗面。孙策的长史张昭对孙权说："现在怎可以是伤心痛哭的时候呢？即使是周公所订立的丧礼，他的儿子伯禽也没有遵守，不是他想违背父亲的教诲，只不过是当时的形势不许他这样

做。现时形势严峻,奸佞小人互相争逐,豺狼当道,你却只懂得为已故亲人悲痛,固守礼制,你这样犹如打开门任由盗贼进来抢掠,这绝不是仁义之举啊!"于是他命人为孙权换掉丧服,扶孙权上马,让他外出巡察军营,稳定军心。

孙权

当时孙权只占据会稽、吴郡、丹阳、豫章和庐陵,而且这五郡的偏远之地的人并未真心归顺。天下豪杰遍布在各州各郡,做客寄寓的士人都以个人安危而随意去留,君臣之间关系不稳。张昭、周瑜等人都愿意协助孙权成就大业,所以都甘心拥戴孙权。当时,曹操上表,任命孙权为讨将军兼任会稽太守,驻守吴郡。孙权以师父的礼仪对待张昭,以周瑜、程普和吕范等人为将领,统领军队,招揽各方有德之士;鲁肃、诸葛瑾等也成为他的将领,统领军队。他还派兵镇压山越族人,讨伐不肯归顺的人。

―――― 历代例句 ――――

魏征曰:"见利而动,愎谏违卜,开门揖盗,弃好即仇。"

(唐 姚思廉《梁书·敬帝纪》)

所向无敌

■ 释　义　形容力量强大，无往不胜。

【出　处】"以中护军与长史（张昭）共掌众事。"裴松之注引《江表传》："士风劲勇，所向无敌。"

（陈寿《三国志·吴志·周瑜传》）

■ 故事背景

周瑜认为孙权军精粮足，实力足以抵抗曹操，无须送儿子入朝做人质。

周瑜与孙策私交甚笃，孙母亦将周瑜当作自己儿子般看待。有一年，周瑜前往丹阳探望任太守的叔父周尚，孙策正在历阳准备东渡长江，孙策派人送信飞报周瑜，周瑜领兵前来迎接孙策，并开始跟随孙策南征北讨。孙策军队所向披靡，军力迅速壮大。

建安五年（200年），孙策去世，由孙权统领军政事务。周瑜前来吊丧后，便留在吴郡，与张昭一同辅助孙权主持军政事务。建安七年，曹操以朝廷名义下诏，命令孙权送儿子入朝作为人质。孙权召集群臣商议，张昭、秦松等都犹豫不决。孙权当然不愿意让自己儿子当人质，于是和母亲与周瑜单独会面，商议此事。周瑜说："如今将军你继承父兄留下的基业，统管六郡民众，军精粮足，将士用命，并且开山铸造铜器，烹煮海水制得食盐，领地内民生富足，百姓都不愿意发生战乱，他们早上扬帆出海，晚上就能到达目的地；将士像狂风一样勇猛，所到之处都无人可敌。有什么理由委屈自己，送人质入朝呢？何况如果人质入朝，你就要和曹操成为一体。这么一来，若朝廷有令和征召时，你就必须听从指挥，那就是受制于人了。"周瑜认为孙权不宜派人质入朝，应静观时局变化。若曹操以仁义匡扶社稷，到时再听命于他也不迟；如果曹操图谋不轨，战争将一发不可收拾，届时，曹操必然会自取灭亡。

孙母也同意周瑜的意见，并说自己视周瑜像亲儿子一样，她也要孙权视周瑜如兄长一样与他共事。孙权最后没有送人质入朝。

―― 历代例句 ――

峻狡黠有智力,其徒党骁勇,所向无敌。

(唐 房玄龄等《晋书》)

将军用兵如神,所向无敌。

(北宋 司马光《资治通鉴》)

言行计从

■ 释　义　说的话和出的主意都被采纳和照办。形容对某人十分信任、顺从。

【出　处】"唯与程普不睦。"裴松之注引晋虞溥《江表传》:"外托君臣之义,内结骨肉之恩,言行计从,祸福共之。"

(陈寿《三国志·吴志·周瑜传》)

■ 近义词　言听计从

■ 故事背景

　　曹操派蒋干劝降周瑜,周瑜表态只会忠于孙权。

　　周瑜与孙策交情深厚,孙策领兵东渡长江时,周瑜已领兵跟随孙策东征西讨。建安五年(200年),孙策遇刺,临终时选择孙权统领军政事务,周瑜亦继续为孙权效力。

　　赤壁之战后,孙权拜周瑜为偏将军,兼任南郡太守。刘备则任荆州牧。周瑜向孙权上奏,指出刘备有野心,加上有关羽和张飞两员猛将助力,绝不会甘心长居人下。他建议孙权将三人分开在不同地方,削弱刘备的力量。但孙权考虑到曹操在北方,目前应当先广纳天下豪杰,没有采纳周瑜的意见。

另一方面，曹操欲拉拢周瑜倒戈，于是派与周瑜有交情的蒋干当说客。蒋干特地打扮成一般士人模样探访周瑜。蒋干假意说是来聚旧，周瑜心里有数，请蒋干多留几天，待他处理完机密事务后，再与他详谈。

三日后，周瑜请蒋干到军营参观营内物资并设宴招待，向蒋干一一展示孙权赏赐的随从、服饰和珍宝。周瑜对蒋干明言："大丈夫有幸遇到像知己一样的明主，对外是君臣，对内则情如兄弟。不仅对我说的话言听计从，还愿意同甘共苦，即使苏秦、张仪再世，郦食其也来劝我，我都会一一拒绝，何况是你这年轻人呢？"蒋干知难而退，终究没有游说周瑜归顺曹操。

赤壁之战后，刘备、曹操都曾向孙权进言，希望能让孙权猜疑周瑜，但孙权不为所动。建安十五年，周瑜去世，孙权流着泪说："周瑜有辅助君王成就王业的才干，现在他夭亡早逝，我还能依靠谁啊！"后来孙权称帝，又对公卿大臣说："如果当初没有周瑜，我今天就不可能当上皇帝。"

———— 历代例句 ————

若俛等言行计从，不当如是。

（后晋 刘昫等《旧唐书·李渤传》）

武宗知而能任之，言从计行。

（北宋 欧阳修等《新唐书·李德裕传》）

李德裕相武宗，言从计行。

（北宋 洪迈《容斋五笔·李德裕论命令》）

言从计行，人莫能间。

（北宋 司马光《乞去新法之病民伤国者疏》）

蓝田生玉

■ **释　义**　蓝田出产美玉，比喻贤良的父母养育出优秀的子女，也比喻名师出高徒。

【出　处】　裴松之注引《江表传》："恪少有才名，发藻岐嶷，辩论应机，莫与为对。(孙)权见而奇之，谓(其父)瑾曰：'蓝田生玉，真不虚也。'"

（陈寿《三国志·吴志·诸葛恪传》）

■ 故事背景

孙权称赞诸葛恪的聪明才智。

诸葛恪是诸葛瑾的长子，少年时已聪敏过人、有辩才。孙权欣赏他的才智，对诸葛瑾说："蓝田这地方盛产美玉，果然是名门之后，名不虚传啊！"

黄武元年（222年），诸葛恪刚二十岁，已官拜骑都尉，与顾谭、张休等随侍太子登谈经论道，并与他们成为好友，从中庶子转为左辅都尉。

孙权经常考验诸葛恪的辩才。有一次，孙权宴请群臣，诸葛恪跟随父亲参加。席上，孙权命人牵出一头驴，

驴脸上贴着写有"诸葛子瑜（诸葛瑾别号，他脸长像驴）"几个字的纸条，令诸葛瑾颇为尴尬。诸葛恪请求孙权让他写两个字，孙权照准，只见诸葛恪在纸条上续写了"之驴"两个字，意即"诸葛子瑜之驴"，座上的人都笑起来。孙权大喜，将驴送给了诸葛恪。

诸葛恪

一日，孙权问诸葛恪："你父亲和你叔父（诸葛亮），谁比较优秀？"诸葛恪答道："父亲。"孙权问他原因，他答道："父亲知道该为什么人做事，叔父却不知道，所以父亲较优秀。"孙权开心地笑起来。

有一次孙权与群臣饮宴，命诸葛恪依次给大家敬酒。斟到张昭面前时，张昭以已有醉意而拒绝，并跟诸葛恪说："这不是敬老应有的礼貌啊！"孙权笑着对诸葛恪说："你有能力令张公理屈词穷，喝下这杯酒吗？"于是诸葛恪对张昭说："周朝的姜尚九十岁仍领兵作战，都没有说自己老。如今军队上的事，将军你已站在后面，聚会饮宴，你总被请到前面，这还不够敬老吗？"张昭无言以对，只好饮酒。

蜀国派使者出使吴国，孙权请蜀使回国后请诸葛亮选一匹好马送给诸葛恪，诸葛恪即时跪下拜谢。孙权讶异地问道："马还未送来，你就称谢？"诸葛恪说："蜀汉就好像陛下在外面的马厩，如今有了旨意，好马一定能送到，我哪敢不谢恩！"

孙权打算任命诸葛恪掌管军队粮草。诸葛亮得悉后，写信给陆逊，表示诸葛恪性格粗疏，管理粮草的工作有许多繁杂公文，他未必适合。孙权得悉后转派诸葛恪带领军队。

历代例句

年七岁，能属文，通《论语》。及长，韶令美容仪，太祖见而异之，谓尚书仆射殷景仁、领军将军刘湛曰："蓝田出玉，岂虚也哉。"

（南朝梁　沈约等《宋书》）

引咎责躬

- **释　义**　主动承担错误的责任，并责备自己。

【出　处】　后壹奸罪发露伏诛，权引咎责躬。

（陈寿《三国志·吴志·周瑜传》）

- **近义词**　引咎自责

■ 故事背景

孙权发现自己用人不当，引咎责躬。

孙权想利用校事吕壹打击豪门大族，所以非常信任吕壹。然而，吕壹本性苛刻残忍，执法严酷。太子孙登虽然屡次进谏，但孙权都没有理会，一众大臣看到连太子进言都不获接纳，也就不再敢进言劝谏了。嘉禾五年（236年），吕壹状告孙权的驸马朱据私吞军饷。最后孙权发现朱据是无辜的，彻查下来，发现吕壹行为残忍、诬陷忠良，就把吕壹处死了。孙权还自我批评承认错误，于是派中书郎袁礼代自己向各大将军致歉，并乘机向大家询问有什么改革建议。

袁礼回来后,孙权发觉大部分人都不敢有任何提议,于是下诏书给诸葛瑾、步骘、朱然和吕岱等,责骂他们以"不在其位,不谋其政"为借口,将责任全部推卸给陆逊、潘濬的行为。而陆逊和潘濬见到袁礼时,伤心流泪、言辞悲切,而且心怀恐惧,不敢进言。孙权感到非常失望。孙权指出,圣人尚且有错,何况是自己呢?但聪明人最重要的是懂得自我检讨。自己与大家共事已几十年,虽有君臣之别,但实际上情如手足,他希望大家一如往日,向他直言进谏,指出他的不足之处。孙权说:"凡事都应该有所变革改进,我乐意接受任何意见,纠正我做得不好的地方。"

历代例句

坐定,庾乃引咎责躬,深相逊谢。

(南朝宋 刘义庆等《世说新语·假谲》)

庚子,以旱故,公卿以下,引咎责躬。

(唐 李延寿《北史》)

不知所措

- **释　义**　不知道该怎么办，多用来形容一时的惊恐、窘迫或慌乱。

- **【出　处】**　与弟融书："大行皇帝委弃万国，……皇太子以丁酉践尊号，哀喜交并，不知所措。"

　　　　　　　　　　　　　（陈寿《三国志·吴志·诸葛恪传》）

- 近义词　手足无措
- 反义词　从容不迫

■ 故事背景

　　诸葛恪写信给弟弟诸葛融，提到他受命辅佐新君，但自觉力有不逮，难以胜任。

　　太元二年（252年），孙权病危，召令诸葛恪、孙弘和太常滕胤、将军吕据、侍中孙峻，共同辅佐皇太子孙亮。

　　第二天，孙权驾崩，一向与诸葛恪不和的孙弘担心会受迫害，于是封锁孙权的死讯，企图假传圣旨除掉诸葛恪。孙峻向诸葛恪通风报信，诸葛恪便假意请孙弘商议事情，在席中杀死孙弘后，才穿上孝服发布了孙权驾崩的消息。

诸葛恪写信给弟弟公安督诸葛融："本月十六日乙未，大行皇帝舍离万邦，全国臣民莫不悲伤哀悼，想到他给我们父子兄弟的恩典远胜其他臣子，我就更感悲恸，心肝碎裂。皇太子已于丁酉日继位登基，我悲喜交集，不知如何是好。我身受先帝临终遗命，辅佐幼主，自问才能不及霍光（西汉大司马大将军），却受到像周公一样辅佐成王的托付。想到自己不能取得霍光辅佐汉昭帝的成就，有损先帝委以重任的英明，我便忧心忡忡、惶恐不安。何况百姓厌恶被统治者监视自己的一举一动，何时才可以改变这种情况呢？我资质平庸却身处辅佐天子的高位，眼前困难重重，而我却智谋不足，任务繁重而谋略短浅，谁能与我互相帮扶呢？刚过去的汉朝，燕王与长公主互相勾结，导致上官桀等人作乱，我现在的处境正与他们差不多，哪敢耽于安逸？你所驻守的地方与敌寇领土接壤，现在应当整顿军备，激励将士，进一步加强防备。即使牺牲性命，也在所不辞，要报效朝廷，不辱列祖列宗。另外，在各地界防守的将领，更应小心贼寇听到皇帝驾崩的消息后乘机入侵。我已另修书函通知边境各级官署，命令带兵将领不得任意放弃防守军务，回京奔丧。国君去世，虽然大家心情悲痛，但应公义忘私，就像伯禽丧服未除就率军出征一样。如果违犯，就绝非小错了。以亲近的人做榜样来纠察他人，这也是古有明训。"诸葛恪被改授为太傅。于是取消密置视听，删减军政冗员，免除拖欠的赋税，取消关税，各项政事都照顾到百姓的利益，因此国人无不欢悦。诸葛恪每次外出，百姓都引颈相望想一睹他的风采。

历代例句

程仁呆了，这个意外的遇见，使他一时不知所措。

（近代　丁玲《太阳照在桑干河上》）

弃瑕录用

- **释　义**　抛开一个人的缺点、过失而予以任用。

- 【出　处】　夫圣人嘉善矜愚，忘过记功，以成美化。加今王业始建，将一大统，此乃汉高弃瑕录用之时也。

（陈寿《三国志·吴志·陆瑁传》）

据以为天下未定，宜以功覆过，弃瑕取用，举清厉浊。

（陈寿《三国志·吴志·朱据传》）

- **近义词**　弃瑕取用

- **故事背景**

陆瑁和朱据劝告暨艳，国家用人之际，考核时应以功补过，弃瑕取用。

暨艳是吴郡人，由曹尚书张温举荐为选曹郎，后来接替张温为选曹尚书，主管人才选拔和官吏考核。

暨艳性格耿直、刚正不阿，喜欢褒贬评论人物，他在选议三署官员（五官中郎将署、左中郎将署、右中郎将署）时，常公开批评他人的过失，以显示自己的严明。他憎厌贪赃枉法的官员和仗着祖辈荫庇的豪门子弟，便将这些尸位素餐的官员贬职。陆瑁写信给暨艳道："圣人嘉奖善良同情愚昧，忘记人的过失记着人的功绩，以此成就良好教化。况且如今帝王基业刚刚建立，将要统一天下，这正是汉高祖忘记他人的过错，用人唯才的时候。如果能够善恶分明，仿效名士许邵、许靖兄弟评议人物的做法，无疑可以整肃风俗、昌明教化，然而恐怕难以做到。所以，应该远则效法孔子泛爱天下，中则学习郭泰普教他人，近则要考虑到有助帝王建基立业。"

侍御史朱据也劝暨艳，认为如今天下未定，应让官员将功补过，不宜计较他们的缺点和过错，表彰清白的人用来激励污浊者，足以劝诫他们。如果一下子全部罢黜，恐怕会有后患。

可惜暨艳没有听取两人的劝告，最终惹来杀身之祸。

历代例句

于是提剑挥鼓，发命东夏，收罗英雄，弃瑕取用。

（汉　陈琳《为袁绍檄豫州》）

圣朝赦罪责功，弃瑕录用，推赤心于天下，安反侧于万物。

（南朝梁　丘迟《与陈伯之书》）

舍己从人，故能通天下之志；弃瑕录用，故能尽天下之才。

（唐　陆贽《贞元九年冬至大礼大赦制》）

朝廷赦以不死，又复弃瑕录用，使之专阃。亦作"弃瑕取用"。

（清　蒋士铨《桂林霜·闻诚》）

闻雷失箸

- **释　义**　比喻假借其他事情掩饰自己的真实情感。

- **【出　处】**　曹公从容谓先主曰："今天下英雄，唯使君与操耳。本初（袁绍）之徒，不足数也。"先主方食，失匕箸。

（陈寿《三国志·蜀志·先主传》）

- **近义词**　惊慌失措
- **反义词**　不动声色

■ 故事背景

刘备以为曹操发现自己假装庸碌、密谋背叛，惊恐之时，利用天上打雷掩饰自己的真实情感。

东汉末年，群雄并起，刘备最初投靠公孙瓒，后改投徐州牧陶谦，屯兵于小沛。陶谦病逝后，刘备统领徐州。

建安元年（196年），袁术攻打刘备，两军相持不下，吕布乘虚袭击下邳，并掳去刘备妻儿。刘备向吕布求和，吕布放还刘备妻儿，刘备回到小沛后，又招募了一万多士兵。吕布大恼，于是亲自出兵攻打刘备。刘备败走，投奔曹操。

曹操任命刘备为豫州牧。刘备打算回沛县召回逃散的士兵时，曹操给他军粮，又增兵让他向东进攻吕布。吕布派高顺攻打刘备，曹操派夏侯惇前往救援，夏侯惇被高顺击败。高顺又俘虏了刘备妻儿，送到吕布处。曹操亲自领兵东征，在下邳活捉吕布。

刘备

刘备得回妻儿后，便跟随曹操到许昌。曹操对刘备礼遇有加，出外时常同乘一辆车，也常同席而坐。不过刘备始终心怀异志，但为了不让曹操发现，多月来都在家里种菜消磨时间，以作掩饰。

汉献帝利用衣带暗藏密诏，暗中命其岳父董承诛杀曹操，刘备也参与其中，但尚未行动。有一日，曹操随意与刘备闲聊，说道："天下英雄，只有你和我了，袁绍这些人，不值一提。"正在吃东西的刘备吓得掉了筷子，所幸当时刚好打雷，刘备乘机掩饰说："圣人说，骤然而响的雷和猛烈的风会令人色变。"刘备虽然借着雷声为自己打圆场，以免露出自己心思，但心里下决心与董承等人合谋杀曹操。

这期间，穷途末路的袁术经徐州北上投靠袁绍，曹操要派兵截击。刘备请缨出战，乘机脱离曹操的羁绊。不久，董承密谋的事被揭发，曹操将董承等人处死。刘备因在外，逃过一劫。自此曹刘二人结下不解之仇。

■ 延伸阅读

这则故事，重心在反映刘备心里对曹操的顾忌和遇事掩饰的急智。其实，曹操对刘备说"今天下英雄，唯使君与操耳"这段话，对理解三国时的刘备很重要。刘备依靠曹操出兵才得以保命来到许昌，而此时的刘备也没有什么武装力量，甚至直到赤壁之战后，刘备才算真正拥有地盘和据有一方的军事力量。之前的二十年，刘备的武装力量更类似"雇佣兵兵团"。即使如此，刘备还是被当时很多有分量的人视为"英雄"或"枭雄"。曹操连当时势大的袁绍也看不起，竟然对当时的刘备说出这番话，分量很重。也许，正史和《三国演义》都低估了真实的刘备。

髀肉复生

- **释 义** 形容长久安逸而无所作为。后感叹虚度光阴,忧虑不再有所作为。

- 【出 处】 "(刘)表疑其心,阴御之。"裴松之注引《九州春秋》:"(刘)备住荆州数年,尝于表坐起至厕,见髀里肉生,慨然流涕。还坐,表怪问备,备曰:'吾常身不离鞍,髀肉皆消。今不复骑,髀里肉生。日月若驰,老将至矣,而功业不建,是以悲耳。'"

(陈寿《三国志·蜀志·先主传》)

- **近义词** 无所事事

■ 故事背景

刘备感慨自己寄寓刘表处,壮志难酬,未能建立功业。

建安五年(200年),曹操东征,刘备败走青州,袁绍和袁谭两父子都对刘备敬重有加。一个月后,先前散失的兵将又渐渐回到刘备身边。刘备暗中设计离开袁绍,改投荆州牧刘表。

刘表以上宾之礼接待刘备,给他加派兵力,还让刘备屯驻新野。刘备在荆州耽搁了九年。这九年间，刘表虽然对刘备礼遇有加，但始终对刘备有所顾忌，故而将刘备投闲置散。

有一次，刘表邀请刘备饮宴。席间，刘备起身，看见大腿内侧长出肉来，感慨流泪。回坐后，刘表不禁觉得奇怪便询问刘备，刘备说："我以往常常身体不离马鞍，大腿上不会长出多余的肉，如今不再骑马，大腿内侧的肉便长出来。岁月如梭，我亦年龄渐大，快要成老翁了，功业却未能建立，故一时感触吧。"

建安十二年（207年），曹操南征刘表，恰逢刘表逝世，他的儿子刘琮继位，向曹操投降，刘备得悉后担心曹操会追击他，于是带领着部众和追随他的人离开荆州。

■ 延伸阅读

这段故事出自《三国志》的裴松之征引《九州春秋》。陈寿在书中只说"荆州豪杰归先主（刘备）日多，表疑其心，阴御之"而已。对《九州春秋》这则记载，晋代史家孙盛认为"备时羁旅，客主势殊，若有此变，岂敢晏然终表之世而无衅故乎？此皆世俗妄说，非事实也"。裴松之也认为不可信。

―――――― 历代例句 ――――――

因见己身髀肉复生，亦不觉然泪下。

（明 罗贯中《三国演义》）

上楼去梯

- **释　义**　比喻进行极其秘密的谋划。也比喻诱人上当。

- **【出　处】**（刘琦）每欲与亮谋自安之术，亮辄拒塞，未与处置。琦乃将亮游观后园，共上高楼。饮宴之间，令人去梯，因谓亮曰："今日上不至天，下不至地，言出子口，入于吾耳，可以言未？"

（《三国志·蜀志·诸葛亮传》）

- **近义词**　上屋抽梯

■ 故事背景

刘表儿子刘琦秘密地请诸葛亮为其出谋献策。

刘备投靠刘表后，屯驻新野，其间更三顾草庐，邀得诸葛亮辅佐共建大业。

当时，刘表的长子刘琦也非常器重诸葛亮。刘表因听信后妻之言，较喜欢小儿子刘琮，而不太喜欢刘琦。刘琦自觉势孤力弱，常常向诸葛亮请教自保的办法，但诸葛亮心里盘算，刘备现在仍投靠刘表，若此事处理稍一不当，不但害了刘琦，还随时会影响到刘备，所以必须想出一个

版画《诸葛亮》

双赢的方法，所以每次都以外人不宜牵涉他人家事为由而拒绝。

有一次，刘琦邀请诸葛亮到他家做客，此时，诸葛亮大抵已有了两全之策，故而应约。刘琦与诸葛亮在后园游逛，一同登上高楼，把酒谈欢。酒酣耳热之际，刘琦突然命人搬走楼梯，然后对诸葛亮说："现在上不到天，下不着地，你说的话，只会传进我耳朵，可以为我出谋献策了吧！"诸葛亮回答他前先讲了一个故事："你没有听说过战国时期，晋国的申生留在朝中就危险，重耳逃亡在外就安全吗？"刘琦立时心领神会，自此便时时刻刻暗地里找寻外放的机会。刚巧江夏太守黄祖战死，刘琦请求出任江夏太守。

不久，刘表去世，刘琮听说曹操来袭，便派使者向曹操请降。刘备在樊城听到消息后，率众南走，可惜被曹操追上打败。刘琦听闻刘备军到来，率军迎接刘备到夏口。

—————— 历代例句 ——————

殷中军废后，恨简文云："上人箸百尺楼上，担梯将去。"

（南朝宋 刘义庆等《世说新语·黜免》）

挟天子以令诸侯

- **释　义**　挟制皇帝，号令诸侯。后也泛指借用权威的名义发号施令。

- **【出　处】**　隆中对："今（曹）操已拥百万之众，挟天子而令诸侯，此诚不可与争锋。"

（陈寿《三国志·蜀志·诸葛亮传》）

■ 故事背景

诸葛亮为刘备分析局势，指出曹操假借献帝名义号令诸侯，暂时不能与其硬碰。

建安十二年（207年），屯驻新野的刘备听从徐庶的建议，亲自前往隆中拜访诸葛亮，他总共去了三次才得以与诸葛亮见面（三顾草庐）。刘备屏退左右后，向诸葛亮道出自己兴复汉室的抱负，并请诸葛亮为他出谋献策。

诸葛亮为刘备分析形势（即著名的隆中对）："自董卓入朝以来，各地豪杰纷纷拥兵自重，在地方上树立势力的人多不胜数。曹操与袁绍比较，曹操虽然名望和兵力都不及袁绍，但最终曹操打败袁绍，以弱胜强，并非只靠运气，还有人和。如今曹操拥有百万雄师，挟持着天子来号令诸侯，在此情况下，实在不能与他硬碰。孙权占据江东，已经历三代人，江东地势险峻，百姓又拥护他，有能之士都愿意跟随他，在这种情况下，不宜与他作对，而应争取他为外援。荆州北面有汉水和沔水作为天然屏障；南可直通大海，土地辽阔，物资丰富；东面则连接吴郡和会稽；西面与巴蜀相通。这本来是一个可以发挥才干，一展抱负的地方，可惜这个地方的主人（指刘表）却守不住它，这几乎是上天专门送给将军你的，难道你没有发现吗？此外，益州地势险阻，州内沃野千里，是天府之国，昔日汉高祖亦是在此地成就帝业。然而这地方的主人刘璋懦弱无能，张鲁又占据了益州北部，虽然民丰物阜，但刘璋不懂珍惜，这里的有能之士都渴望有明主带领。你是汉室后人，声望响遍全国，大可招揽英雄豪杰，访寻贤能之人，占据荆

版画《三顾草庐》

州、益州,西边与夷狄和睦共处,南方则安抚少数民族,外与孙权联手,内则施行仁政,待时机一到,就可派猛将率领荆州军队攻向宛城、洛阳,而你就亲自领军从秦川出兵,老百姓谁敢不用竹篮盛着食物、用壶装着水来迎接你呢?若你真的这样做,自能成就霸业,复兴汉室。"

刘备听后喝彩:"好!"

刘备与诸葛亮的友情一日比一日深厚。关羽和张飞等人都很不高兴,但刘备说:"孤之有孔明,就像鱼得到水一样,希望各位不要再说了。"关羽和张飞才作罢。

历代例句

子美不能为太白之飘逸,太白不能为子美之沉郁。……诗以李杜为准,挟天子以令诸侯也。

(宋 严羽《沧浪诗话·诗评》)

疏不间亲

- **释　义**　关系疏远者不参与关系亲近者之间的事。

- **【出　处】**　孟达与封书："古人有言：'疏不间亲，新不加旧。'此谓上明下直，谗慝不行也。"

（陈寿《三国志·蜀志·刘封传》）

- **近义词**　远不间亲

■ 故事背景

蜀将孟达降魏后，游说刘备养子刘封降魏自保。

刘封是刘备的养子，二十多岁时已带兵随诸葛亮和张飞等一起攻打益州。益州牧刘璋开城投降，刘备占领益州后，命刘封为副军中郎将，刘璋的旧部下孟达为宜都太守。

建安二十四年（219年），孟达和刘封合力取得上庸。其时，关羽被围困于樊城、襄阳，多次要求两人出兵支援均被拒绝，结果樊城之战中关羽被孙权杀死。刘备因此恼恨两人。此时，两人亦关系破裂，孟达又害怕刘备会追究他的责任，于是率部众投降曹丕。

不久，曹丕欲袭击刘封，孟达写信给刘封说："古语有云：'疏不间亲，新不加旧'，就是说亲疏有别，关系疏远的人不能离间关系较亲密的人；刚结交的人，不能超过早已认识的友人。这就是说，君主英明臣子也会贤明正直，谗言就不能中伤忠良。然而如果君主玩弄权术，即使贤父慈母，仍然会发生忠臣遭害，孝子受难的事。"孟达指出，当情义有变或有人从中作梗，亲人尚且可以反目成仇，若非亲人，就更不堪设想了。

孟达推断，刘备立刘禅为太子时，已有人向刘备进谗言，一旦怀疑变成怨恨，嫌隙就难收拾。现在刘封在外，还可暂且喘息，如果魏军来袭，刘封失去根据地而要返回蜀地，恐怕难逃灾劫。他建议刘封趁曹丕初登帝位，虚心招贤时投奔曹魏。

不过刘封没有答应。不久，曹军真的来袭，刘封兵败逃回成都。刘备责怪他欺负孟达，令孟达降魏，又不救援关羽。诸葛亮担心刘封性情刚烈，若刘备去世就难以控制，便劝刘备借此除掉刘封。于是刘备赐死刘封。至此，刘封后悔没有听从孟达的劝告。

历代例句

魏文侯欲置相,召李克问曰:"寡人欲置相,非翟黄则魏成子,愿卜之于先生。"李避席而辞曰:"臣闻之卑不谋尊,疏不间亲,臣外居者也,不敢当命。"

(汉 韩婴《韩诗外传》)

变生肘腋

■ 释　义　比喻事变就发生在内部或身旁。

【出　处】亮答曰:"主公之在公安也,北畏曹公之强,东惮孙权之逼,近则惧孙夫人生变于肘腋之下,当斯之时,进退狼跋。"

（陈寿《三国志·蜀志·法正传》）

■ 故事背景

有人要求诸葛亮向刘备举报法正擅自杀掉曾开罪他的人,但因刘备宠信法正,诸葛亮没有上报。

建安十九年（214年）,刘备带军攻打益州,气势如虹,益州从事郑度建议刘璋以坚壁清野之策拖垮刘备。刘备得悉后大为恼怒,询问法正意见。法正认为刘璋不会用这方法,请刘备放心。结果如法正所言,刘璋不仅没有采纳这计策,还罢黜了郑度。

刘备包围成都后,太守许靖欲弃城逃亡,但事情败露。刘璋投降后,刘备因此事而不想任用许靖,但法正认为，许靖虽是虚有其名，但名声四海皆知，刘备刚开始创建大业，如果弃用许靖，会令天下人误以为刘备轻视贤才。于是刘备听取了建议，厚待许靖。刘备任命法正为蜀郡太守和扬武将军，既治理京畿，又是刘备主要谋臣。

法正得势后，不论是过去对他有一饭之恩还是曾经和他有小小冲突的人，他都有恩报恩，有仇报仇，因此也擅自杀掉了几个曾经诽谤他的人。有人向诸葛亮举报，希望诸葛亮代为向刘备反映，以劝诫法正不要再作威作福。但诸葛亮说："当初主公（刘备）入关中时，北方受到拥兵自强的曹操的威胁，东面则惧怕虎视眈眈的孙权，又担心身边的孙夫人（刘备妻子、孙权妹妹）随时作乱。主公是左右两难啊！是法孝直（法正）从旁辅助，使主公摆脱这窘境，不再受到掣肘的。我又怎能禁止法正，使主公不能完成心愿呢？"

孙夫人才思敏捷，性格刚烈如其兄长，她身边有百多名侍婢，都手持利刃守卫在她身边，刘备每次进房内都很害怕。同时诸葛亮又明白刘备宠信法正，故而向来人说出这番话。

历代例句

万一变生肘腋,子将安之?

（明　刘基《书绍兴府达鲁花赤九十子阳德政诗后》）

一旦变生肘腋,可为深虑。

（清　张廷玉等《明史·杨涟传》）

电报送到北京,以变生肘腋,清廷震惊之下,不料竟低心下气,复电将十九条政见一一接受,并立即入太庙宣誓立宪。

（近代　冯玉祥《我的生活》）

陟罚臧否 作奸犯科

■ 释　义　陟罚臧否：赏罚褒贬。
作奸犯科：为非作歹，触犯法纪。

【出　处】宫中府中，俱为一体，陟罚臧否，不宜异同。若有作奸犯科及为忠善者，宜付有司，论其刑赏。

（陈寿《三国志·蜀志·诸葛亮传》）

■ 近义词　陟罚臧否：赏罚分明
作奸犯科：违法乱纪

■ 故事背景

诸葛亮北伐前上表刘禅，提醒他若有人触犯法纪，应交有司处罚，不可偏私。这就是传诵后世的《出师表》。

章武三年（223年），刘备驾崩，诸葛亮辅佐后主刘禅。建兴三年（225年），诸葛亮率军平定南方叛乱，两年后，诸葛亮决定北伐中原，出发前上奏刘禅，大意是：

"先帝刘备统一大业的宏愿未完成已不幸崩逝，如今天下三分，益州正处在生死存亡的危急关头，但文武百官不敢懈怠，将士英勇抗敌，这是因为他们追念先帝的知遇之恩，以报答陛下。陛下应该广开言路，听取意见，发扬先帝留下的美德，振奋士气，不应随便看轻自己，放纵失察，以致堵塞了忠臣劝谏之路。

"皇宫和丞相府是一个整体，提拔、惩处、嘉许和批评都应一视同仁。若有人为非作歹，触犯法纪，或有人忠心国家，应惩罚或奖赏，不应有偏袒和私心，而使朝廷内外的奖罚标准有所不同，这样才能显示出陛下赏罚严明的治国之道。

"陛下应多亲近贤臣，疏远小人。侍中、侍郎郭攸之、费祎、董允，都是先帝特地选拔出来辅佐陛下的贤臣，所以宫中事不论大小，都可以先咨询他们再实施，这样一定能弥补疏漏缺失。他们也有责任处理国家政务，进献忠言。军中事情宜与将军向宠商讨，他善良公正，精通军事，一定能团结军心。陛下能多亲近、信任他们，复兴汉室必定指日可待。

"至于讨伐曹操，希望陛下将这任务交付给我，若讨伐失败，就请陛下治我的罪，以慰先帝在天之灵。

"微臣如今挥军远征，实在难以抑压感恩之情，对着表章除了流泪，已不知说什么才好。"

上表后，诸葛亮便领军出征，在屯水北岸驻兵。

―――――― 历代例句 ――――――

"郡邑守令仰望风采,陟罚臧否,在其一言。"

(清 章炳麟《革命道德论》)

今儿子既在你处,必然是作奸犯科,诱藏了我娘子,有什么得解说?

(明 凌蒙初《二刻拍案惊奇》)

不知所云

- **释　义**　自谦之辞，表示自己语无伦次。也指言语混乱或空洞，令人莫名其妙。

【出　处】　临表涕泣，不知所云。

（《昭明文选·诸葛亮〈出师表〉》）

- **近义词**　语无伦次

- **故事背景**

　　诸葛亮北伐前上表刘禅，感恩刘备重用，要完成刘备统一国家的遗愿。

　　建兴五年（227年），诸葛亮决定北伐中原，出发前上奏刘禅，劝勉后主虚心纳谏，赏罚分明，亲近贤臣，疏远小人（见上则"陟罚臧否、作奸犯科"），并忆述了自己与先帝刘备的往事，表明自己对蜀国的忠心。

　　"微臣本来是一介平民，在南阳隐居，在乱世中苟且求全，不求扬名立万，但先帝纡尊降贵，三次到草庐探访，询问微臣对天下局势的看法。臣深感先帝知遇之恩，

斩马谡

于是答应为先帝效劳,至今已二十一年了。先帝知道微臣处事小心谨慎,所以临终时把辅佐陛下、复兴汉室的任务托付给微臣。

"微臣受命以来,日夜都为国事操心,恐怕有负先帝遗命。因此,微臣带兵南下,深入南蛮地区,平定南方。现在军队装备充裕,应率军北伐中原,希望竭尽微臣平庸的才能,铲除敌人,复兴汉室,迁返原来的首都。这就是微臣用以报答先帝,忠于陛下之心。

"希望陛下将讨伐逆贼的责任交付微臣,若不成功,就处罚微臣,陛下也应聆听治国之道,采纳正确的言论,遵循先帝临终时的教诲。微臣难以抑压深受大恩之情,如今就要远离，对着表章难掩泪眼，也不知该说什么了。"

诸葛亮上表后便领军出征，驻扎在屯水北岸。

建兴六年（228年）春天，诸葛亮军进攻岐山，因马谡没有听从他的调度而大败。诸葛亮斩马谡向大家谢罪，自己则向刘禅上奏疏，请求降职三级作为惩罚。同年，诸葛亮再出兵散关，曹真率兵抵抗，诸葛亮粮尽退兵时，魏将王双追击，结果被诸葛亮斩杀，大败魏军。

建兴七年，诸葛亮平定武都、阴平，降服氐族和西羌，刘禅恢复了诸葛亮的丞相职位。

―――― 历代例句 ――――

而且删掉的地方，还不许留下空隙，要接起来，使作者自己来负吞吞吐吐、不知所云的责任。

（近代　鲁迅《〈花边文学〉序言》）

你报道什么事件也好，谈论什么问题也好，总要围绕一个实质性的东西，不能虚无缥缈不知所云。

（近代　萧干《我爱新闻工作》）

畏敌如虎

- 释　义　害怕敌人就像害怕老虎一般。

【出　处】"亮复出祁山。"裴松之注引晋习凿齿《汉晋春秋》："贾栩、魏平数请战，因曰：'公（司马懿）畏蜀如虎，奈天下笑何！'宣王病之。"

(《三国志·蜀志·诸葛亮传》)

- 近义词　畏之如虎
- 反义词　英勇无惧

■ 故事背景

诸葛亮再次出兵祁山，司马懿迎战，但因害怕诸葛亮而不敢正面交战。

建兴六年（228年），诸葛亮领兵进攻祁山，虽然得到南安、天水和安定三郡的响应，但因前锋马谡与魏将张郃在街亭交战时没有依从诸葛亮的调度，结果大败。

同年冬，诸葛亮出兵散关，斩杀了魏将王双。建兴七年，诸葛亮再度出兵，取得武都、阴平两郡。刘禅下诏令诸葛亮恢复丞相一职。

建兴九年，诸葛亮再次出兵祁山，魏国大司马曹真病重，曹叡派司马懿统领张郃、费曜、戴陵、郭淮等人迎战。司马懿派费曜和戴陵留守上邽，其余人马全部西进救援祁山。张郃认为可分兵驻守雍、郿两县，但司马懿担心削弱兵力而没有同意。诸葛亮派部分将领留下来围攻祁山，自己则领兵到上邽迎战司马懿。两军在上邽相遇，诸葛亮领军撤退，司马懿追击诸葛亮至卤城，但双方未有交战。张郃同司马懿分析形势，认为在祁山的魏军知道援军已到，必定军心大振。他认为，若司马懿再进兵但又不敢和敌人决战，反而会令将士失望。司马懿没有采纳张郃的意见，继续追击诸葛亮，但追上蜀军后又登山扎营，不肯与蜀军决战。贾栩、魏平多次请战，说道："你就像怕老虎一样畏惧蜀军，不怕被人笑话吗？"众将一再请战，司马懿才派张郃围攻何平，自己则领军向诸葛亮推进。诸葛亮派魏延、高翔、吴班迎战，大败魏军，司马懿退军回营。诸葛亮退兵时与魏军交战，射杀了张郃。

建兴十二年，诸葛亮率兵由斜谷道出兵，占据了五丈原，与司马懿对峙了一百多天。这年八月，诸葛亮病重，在军中去世。

历代例句

省兵之饷并以厚战士,以精器甲,自然人贾勇,何至如今畏敌如虎,视营伍如蹈阱乎?

(明 徐光启《谨申一得以保万全疏》)

老蚌生珠

■ 释　义　比喻年老有贤子，后指年老得子。

【出　处】"韦康为凉州，后败亡。"裴松之注引孔融与韦康父端书："前日元将（康）来，渊才亮茂，雅度宏毅，伟世之器也。昨日仲将（诞）又来，懿性贞实，文敏笃诚，保家之主也。不意双珠，近出老蚌，甚珍贵之。"

（陈寿《三国志·魏志·荀彧传》）

■ 近义词　老蚌珠胎

■ 故事背景

孔融称赞韦端老来得子，两个儿子都是贤德之才。

孔融和韦端同为东汉末年朝臣，两人私交甚笃。韦端老来得子，分别名为康和诞。两兄弟先后拜访了孔融，孔融认为他们俩天资聪颖、博学多才，便写信给韦端称赞他们两兄弟，信中写道："元将（韦康）前日来我家中，他学识渊博，气度不凡，抱负远大，意志坚强，将来必成大器。仲将（韦诞）昨日也来过我家，他为人老实敦厚，文思敏捷，将来必是个光耀门楣的人。没想到你上了年纪仍能生出两个如此不凡的好儿子，你要好好珍惜啊！"

一如孔融所言,韦端由凉州牧调任朝中太仆,韦康接替父亲当凉州刺史,成为一时佳话。后来,马超围凉州冀城,韦康宁死不屈,坚守了一段时间后,因援兵迟迟未至,最终被马超杀死。韦诞则较幸运,官至侍中,在嘉平五年(253年)以七十五岁之龄去世。

―――――――― 历代例句 ――――――――

(邢)邵又与卬父子彰交游,尝谓子彰曰:"吾以卿老蚌遂出明珠。"

(唐 李百药《北齐书》)

旧闻老蚌生明珠,未省老兔生于菟。

(北宋 苏轼《虎儿诗》)

无胫而行

- **释　义**　指没有腿而能远走。比喻事物用不着推行就能迅速传播。

- **【出　处】**　裴松之引汉孔融《与曹公书》："珠玉无胫而自至者，以人好之也，况贤者之有足乎？"

　　　　　　　　　　　　（陈寿《三国志·吴志·孙韶传》）

- **近义词**　不胫而走

■ 故事背景

　　孔融担心盛宪会被孙策杀害，向曹操推荐盛宪，可惜朝廷诏书未到，盛宪已被孙权杀死。

　　会稽人盛宪气量雅正宽宏，为人所称颂。他曾任吴郡太守，后称病辞官回乡。东汉末年，孙策嫉妒有才之士，平定吴郡和会稽后，常借故打杀才能出众和有名望的人，盛宪自然也成为他的眼中钉。孙策死后，孙权继续对其进行迫害。

　　孔融和盛宪是好朋友，因担心盛宪的安危，建安十年（205年）孔融写信给曹操，希望曹操录用盛宪。孔融信

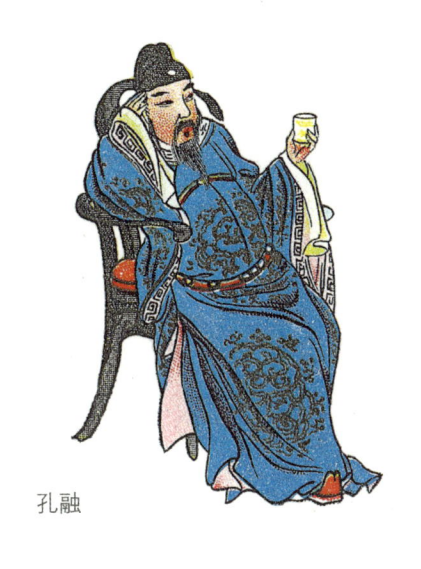

中写道:"岁月如流,转眼间曹公你满五十岁,我也已五十二岁,现在全国有才名的人已零落殆尽,只有会稽盛孝章(盛宪)还在。然而他受困于孙氏,妻儿已不在,如今盛宪是孑然一身,孤独面对困境。如果忧愁会伤人,恐怕盛宪难享天年。"

孔融

孔融形容盛宪是杰出的人才,天下擅长游说之士都依靠盛宪来扬名。现在他却随时身陷囹圄,生命危在旦夕。孔融请求曹操征召盛宪,只要曹操写一封短信,派使者前往探访盛宪,盛宪就会前来,而曹操诚意结交朋友的道义就会传扬开去。他又写道:"曹公你在汉室危难之际,复兴汉室,匡正朝廷秩序。而纠正朝廷秩序,就要依靠人才。珠玉没有腿,但它之所以能落到人们手中,是因为有人喜欢它;人有双腿可以行走,有才能的人会自己选择追随的对象,很快便为人所认识。"孔融还在信中强调,只要尊重人才,贤才就会来。

曹操看信后亦觉得孔融言之有理，于是任命盛宪为骑都尉，可惜朝廷诏书未到会稽，盛宪已被孙权杀害。

———————— 历代例句 ————————

玉无翼而飞，珠无胫而行。

（北齐　刘昼《刘子新论》）

冢中枯骨 何足介意

- **释 义** 冢中枯骨：比喻志气卑下、没有作为的人。

  何足介意：指没有必要放在心上，表示轻视。

- 【出 处】 北海相孔融谓先主曰："袁公路（术）岂忧国忘家者邪！冢中枯骨，何足介意！"

  （陈寿《三国志·蜀志·先主传》）

- **近义词** 何足介意：无足挂齿、微不足道
- **反义词** 何足介意：另眼相看

■ 故事背景

糜竺、孔融等人游说刘备治理徐州，刘备推辞，说袁术才是适合的人选；而孔融批评袁术如同枯骨，不值一提。

献帝兴平元年（194年），曹操攻打徐州，徐州牧陶谦派遣使者向田楷求援，田楷派刘备率兵卒数千人赶赴徐州。抵达徐州后，陶谦调拨四千丹杨兵给刘备，刘备于是投靠陶谦。陶谦向朝廷举荐刘备为豫州刺史，驻扎小沛，刘备便在徐州留下来。

陶谦病重，对部下糜竺说："如果没有刘备，徐州

是难以安定的。"建安元年（196年），陶谦逝世，糜竺率领徐州乡绅邀请刘备管领徐州，刘备最初谦让推辞，下邳人陈登对刘备说："当今汉室衰落颓败，天下大乱，现在正是建功立业的大好时机。徐州物阜民丰，人口百万，你就屈就一下掌管徐州吧！"刘备说："袁公路（袁术）正

袁术

在附近的寿春，他出身名门，祖先四代五人位居公卿，天下人心都归向他，你可以将徐州给他。"陈登答："袁术骄横自负，并非治理乱世之才。我们正计划为你招募十万步兵和骑兵，你带领着士兵进可匡扶汉主，安民济世，建立功业；退可割地称雄，功垂青史。若你还是不答应我们的请求，恐怕我也难以听从阁下的意见了。"北海相孔融也对刘备说："袁公路怎会是一个忧国忘家的人，他犹如坟墓中的一具枯骨，不值一提。现在的局势，百姓只会拥戴有能力的人，上天给你这机会，你若仍然推辞，将来必后悔不及啊！"刘备便在糜竺、陈登和孔融等人的支持下接

管徐州，成为徐州牧，并拥有了第一块地盘。

■ 延伸阅读

出身于"四世三公"汉末最显赫家族的袁术，行事却是纨绔子弟的典型。他年纪轻轻已位居虎贲中郎将，能反抗董卓割据一方，其实是来自家世的护荫。他征敛无度，行事不讲信用。对汉室阴怀异志，不了解世局，也无自知之明。在局势困厄时，竟然称帝，因此成为众矢之的。在他大败而走投无路、病重多日时，还大声叱问道："袁术至于此乎！"

---- 历代例句 ----

冢中枯骨，吾早晚必擒之。

（明 罗贯中《三国演义》）

冢中枯骨袁公路，唾手居然得冀州。

（近代 沈砺《咏史》）

华阳国志曰：维恶黄皓恣擅，启后主欲杀之。后主曰："皓趋走小臣耳，往董允切齿，吾常恨之，君何足介意！"维见皓枝附叶连，惧于失言，逊辞而出。后主敕皓诣维陈谢。维说皓求沓中种麦，以避内逼耳。

（陈寿《三国志·蜀志·姜维传》）

"卜阳等财宝足富数世，诸卿但不并力耳。所亡少少，何足介意！"

（南朝宋　范晔《后汉书》）

逢吉与杨邠亦举觞曰："是国家之事，何足介意！"弘肇又厉声曰："安定国家，在长铓大剑，安用毛锥！"王章曰："无毛锥，则财赋何从可出？"自是，将相始有隙。

（北宋　司马光《资治通鉴》）

布听其言，即命擒下陈珪、陈登。陈登大笑曰："何如是之懦也？吾观七路之兵，如七堆腐草，何足介意！"

（明　罗贯中《三国演义》）

风移俗改

- **释　义**　转移风气，改变习俗。

- **【出　处】**　"曾祖父安。"裴松之注引李氏《先贤行状》："迁济阴太守，以德让为政，风移俗改。"

　　　　　　　　　　　　（陈寿《三国志·蜀志·先主传》）

- **近义词**　移风易俗

■ 故事背景

　　曹魏重臣杜袭的曾祖父和祖父是东汉忠臣，都以仁义施政，改善了社会风气习俗。

　　杜袭的曾祖父杜安有"神童"之称，十三岁时已进入太学。有些皇亲贵胄仰慕他的名声便写信给他，而他为避嫌，看也不看就把信收在墙壁内。后来果然有人惹祸被捕，朝廷还将调查范围延伸至与被捕者有书信往来的人，他因一封也没有拆开过而避过牵连。杜安官至巴郡太守，为官清廉，待人处世以身作则，一言一行符合礼教，为下属的楷模，一改社会歪风。杜安死于任内，遗命后人只需把他薄葬。

杜袭的祖父杜根被推举为孝廉，任郎中。当时是汉和帝刘肇的邓太后掌权，外戚专权，汉安帝刘佑长大后，邓太后仍不肯让安帝亲政。杜根与多位郎中一同上疏直谏，邓太后大怒，将一干人等处死。主持执法的人因佩服杜根德高望重、处事公正，暗中没有太用力打杜根。当诛杀完毕后，用车拉到城外弃置，杜根闭目不动。三天后才敢起来逃走。他逃到宜城山中一家酒家当酒保。酒家知道他是个有贤德的人，都很尊重他。

十五年后，永宁二年（121年）邓太后去世，邓氏一族被灭，安帝派人寻访当年被诛杀大臣的后代，杜根才敢现身任符节令。有人问杜根："当日受害时，应该有很多和你一样坚持道义的亲友可以帮助你，你为什么不去找他们，而令自己受苦多年呢？"杜根回答："万一事情泄露，就会祸及亲友，所以我不去找他们帮助。"后来杜根出任济阴太守，他以贤德谦让的高尚品行处事施政，一改社会上的不良风气和陋习。后辞官回乡，享年七十八岁，也同样遗命后人将他薄葬。

杜安和杜根都以贤德为人称颂，当时的官吏路经当地时，都要先到他们的坟前祭祀。

―― 历代例句 ――

夫乐者感人密深,而风移俗易。

(汉 王褒《四子讲德论》)

于是风移俗易,上下兹和。

(东晋 常璩《华阳国志·先贤士女总赞上》)

百举百全 多端寡要

■ 释　义　百举百全：做一百件事，成功一百件。指办事万无一失。
多端寡要：头绪太多，不得要领。

【出　处】　夫智者审于量主，百举百全，而功名可立也。袁公徒欲效周公之下士，而未知用人之机。多端寡要，好谋无决，欲与共济天下大难，定霸王之业，难矣！

（陈寿《三国志·魏志·郭嘉传》）

■ 近义词　百举百全：万无一失、百举百捷

■ 故事背景

　　郭嘉认为有智慧的人应懂得投靠明主，才能扬名立万。他投靠曹操，并得到曹操重用。

　　颍川人郭嘉年少时已有远大抱负，眼见汉末天下大乱，他二十岁时便隐姓埋名，暗中结交英雄豪杰，所以认识他的人不多。此前，他曾北行往见袁绍，了解过袁绍的气度后，他对袁绍的谋臣辛评和郭图说："有智慧的人会

谨慎审视自己的主公,这样做起事来才会万无一失,才可以扬名立万。袁公(袁绍)虽然想仿效周公的礼贤下士,但实际上他不懂用人之道。想法虽多但不知取舍,优柔寡断,想和他一同拯救国家危难,建功立业,实在很难啊!"于是离袁绍而去。

郭嘉

建安元年(196年),曹操的一个重要谋士戏志才去世不久,曹操怀念戏志才,他写信给荀彧:"自从志才去世后,就没有能够与我商讨国是的人了。汝南、颍川本来多有能士,但有谁可以替代戏志才呢?"荀彧推荐了郭嘉。曹操征召郭嘉,并与他谈论天下大事。事后曹操说:"能使我成就大业的人,一定就是这个人了。"郭嘉也兴奋地说:"这才是我的明主啊!"曹操上表朝廷,任命郭嘉为司空祭酒。

建安三年(198年),曹操开始征伐吕布,经过三次交战后打败了吕布。吕布退兵固守城池。眼见士兵疲倦,曹操也想撤军,但郭嘉劝说曹操乘胜攻击,必能击败吕布。曹操同意，继续猛攻吕布，随即将吕布捉住。

---- 历代例句 ----

鲂生在江淮，长于时事，见其便利，百举百捷。

（陈寿《三国志·吴志·周鲂传》）

圣人相时而动，百举百全。

（唐　房玄龄等《晋书·慕容德载记》）

直言正色

■ 释　义　言语正直，仪容严肃。

【出　处】　每于公朝论议，常直言正色，退无私焉。

（陈寿《三国志·魏志·国渊传》）

■ 故事背景

国渊在朝廷上议论问题时，常疾言厉色，正直不阿。

国渊是汉学大师郑玄的学生，东汉末年战祸频仍，他曾跟随管宁和邴原避乱辽东。返回故乡后，被曹操任命为司空掾。国渊每当议论政务时，都敢于说话，疾言厉色，正直无私，深得曹操器重。

建安元年（196年），曹操推行屯田制，命国渊主理其事。国渊屡次提出应该增减的事项，测量土地，安置屯田民众，按百姓数量来安排官吏，明确规定官家与屯田民众间的分成方法。由于他推行得法，五年间仓库就储满粮食，百姓安居乐业。粮食充足亦壮大了曹操的军事实力。

曹操出兵关中时，任国渊为居府长史，统管留守事宜。田银、苏伯在河间造反，失败后，他们的余党本应全都处死，但国渊认为他们罪不至死，请求曹操赦免他们。曹操听从，国渊因而救了千余人的性命。国渊撰写报捷文书时只实话实说，没有夸大军功，更令曹操欣赏他的诚实，升国渊为魏郡太守。

不久，有人写匿名信进行诽谤，曹操大怒，想彻查写信的人，但国渊认为应暗中行事。国渊发现信里有许多句子引用了东汉张衡的《二京赋》，于是召来郡内功曹说："这里本来是个大郡，现在还是首都，可惜有学问的人却不多，请挑选一些年轻人，送他们去拜师学习。"功曹挑选了三个年轻人。国渊在三人临走前接见他们，并对他们说："你们虽然喜欢学习，但未有所成，《二京赋》是一本很有启发性的书，可惜很多人都忽略了这本书，因而很少有这方面的老师，你们就去访寻能读这赋的人，跟他们好好学习吧！"三人果然寻得此人，官吏请这人写作手笺，然后比较了手笺和匿名信的字迹，发现笔迹一样。于是抓捕这人并详加审问，终于弄清事情的来龙去脉。曹操很高兴，并升国渊为太仆。

国渊虽位列九卿高位,但生活俭朴,俸禄都分给朋友和宗族,最后在任内去世。

———————— 历代例句 ————————

直言正色,论不隔谄。

(明 罗贯中《三国演义》)

渊清玉絜

■ 释　义　比喻人品高尚。

【出　处】　渊清玉絜，有礼有法，吾敬华子鱼。

（陈寿《三国志·魏志·陈矫传》）

■ 故事背景

陈登敬重华歆品格高尚。

太守陈登请广陵人陈矫担任功曹，并派他前往许都。临行前，陈登跟陈矫说："许都有很多人在议论我，似乎对我有点偏见，拜托你找机会帮我了解一下。回来告诉我具体情况，并希望得到你的建议。"陈矫从许都回来后对陈登说："我听到不少对你的议论，都说你骄傲自大。"陈登听后大惑不解，他说："论雍容庄重、德行高雅，我敬佩陈元方、陈湛两兄弟；论人品清高如水般清澈、像玉般清净，行为有礼有法，我敬佩华子鱼（华歆）；修身养性，疾恶如仇，有胆有识，我敬佩赵元达（赵昱）；说到学识渊博，才智超群，我敬佩孔文举（孔融）；论雄姿威武，以仁德服天下，雄才伟略，我则敬佩刘玄德（刘备）。我敬重的都是这样的人，怎么能说我骄傲自大呢？至于一些平庸的人，也值得一提吗？"陈登雅量宽宏，他亦由衷地敬重陈矫。

孙权派兵围困广陵，陈登命陈矫向曹操求援。陈矫向曹操说道："我们广陵郡虽地域狭小，但地理上处于重要的位置。若能得到你的救援，令我们的郡成为你的外藩，那么东吴的阴谋就无法得逞，徐州百姓就会得安宁，同时使你威名远震，令还未顺服的地方望风归附。推崇仁德、树立威望，是创建帝业的大事啊！"曹操听后，觉得陈矫是个奇才，欲收为己用，但陈矫推辞说道："我的家乡正处在危难中，我只是来告急求援，纵然我不能像楚国大夫申包胥般哭求得秦哀公出兵救楚（申包胥哭秦廷），可我哪敢忘记卫国大臣弘演舍身救国的忠义呢？"曹操听后，答应陈矫派军队前往救援。吴军听到消息后全部撤退，陈登已在小路上设下许多埋伏，并亲自领兵追杀，大破吴军。

不久，曹操征召陈矫为司空掾属，此后，他备受曹操、曹丕和曹叡的器重，官至侍中光禄大夫，迁任司徒。景初元年（237年）去世。儿子陈本继承爵位。

闭门自守

- **释　义**　闭门不出，洁身自保。

- 【出　处】　闭门自守，非公事不出。

（陈寿《三国志·魏志·邴原传》）

- **近义词**　闭门不出

■ 故事背景

邴原节操高尚，从不进行无谓的应酬交际，非公事不会出门。

北海人邴原年轻时均和管宁以品德高尚为世人所知。黄巾之乱，邴原带着家人逃到海上的郁洲岛居住，后来迁往辽东郡。

邴原与同郡人刘政都有勇有谋，且有英雄气概。辽东太守公孙度欲杀害刘政，抓捕他家人时刘政却逃脱了。公孙度下令各县："若有藏匿刘政者与刘政同罪。"刘政投奔到邴原家，邴原让他藏了一个多月。刚巧东莱郡人太史慈回乡，邴原就拜托太史慈带走刘政。邴原在事后对公孙度道出实情，说服公孙度释放了刘政家人，又出资帮助刘政的家人回乡。邴原在辽东时，一年中总有数百家民众追随他，他的家中门客和传授讲学的声音从不间断。

后来邴原回到家乡，曹操任他为司空掾。建安十三年（208年），曹操儿子曹冲病逝，曹操以邴原女儿早已去世为由，欲将两人合葬，但邴原以不符合礼教而拒绝。邴原说道："我愿意投靠明公（曹操）你，你以礼对待我，是因为我能恪守礼教古训，如果现在顺从你的意愿，岂不变成庸俗之辈，明公你认为呢？"曹操才打消念头，调任邴原代理丞相征事。东曹掾崔琰在记载贤臣事迹时就赞扬邴原品行清廉淡泊、忠贞果断，一定能成大事，是国家栋梁。邴原代替凉茂任五官中郎将长史，他不进行无谓应酬，也从不接待客人，

太史慈

若没有公事就不会出门。曹操南征东吴,邴原随行,途中逝世。

历代例句

朕若闭门自守,虏必纵兵大掠。

（唐　吴兢《贞观政要·征伐》）

自君之出,唯闭门自守,足未尝履阈。

（元　元怀《拊掌录》）

公规密谏

■ 释 义 多方劝谏。公,公开;密,私下。

【出 处】 时太子未定,而临菑侯植有宠,阶数陈文帝德优齿长,宜为储副,公规密谏,前后恳至。

（陈寿《三国志·魏志·桓阶传》）

■ 故事背景

桓阶辅助曹丕登帝位。

桓阶曾任郡守的功曹,获长沙太守孙坚举荐为孝廉,后被朝廷任命为尚书郎。孙坚攻打刘表时战死,桓阶乞求刘表让他领回孙坚的遗体。后来曹操与袁绍于官渡争持,刘表率兵响应袁绍。桓阶认为袁绍出兵不符合道义,一定会失败;曹操则是为挽救朝廷,奉皇命讨伐有罪之人而起兵,符合大义,建议长沙太守张羡当曹操的内应。张羡听从桓阶建议,率兵抵抗刘表,又派使者前去拜见曹操。但曹军一直未能南下,刘表则加紧进攻张羡。不久,张羡病死,刘表攻陷长沙,桓阶躲起来避祸。曹操平定荆州后,听说桓阶曾替张羡献策,惊异他的见识,征召桓阶为丞相掾主簿,又升他为赵郡太守。建安十八年(213年),魏国建立,桓阶任虎贲郎将侍中。当时太子未定,桓阶多次向曹操称赞曹丕的品德,并认为他年龄最长,应当立为太子,无论是公开劝谏或私下规劝,都态度恳切。

建安二十四年,曹仁在樊城被关羽围困,曹操派徐晃前去营救但未能成功。曹操想要亲自南征,便问下属意见,众多下属都认为应立即前往救援,否则对战局不利;唯桓阶力排众议,认为曹仁等虽被围困,但决心守城抗敌,是因为曹操在远方声援。既然军中有拼死一战之心,外有得力救援,加上曹操稳住朝廷兵马显示实力,根本无须担心。曹操认为桓阶说得有理,便把兵马驻扎在摩陂。果然,敌方不久退走。

曹丕登帝位后,任桓阶为尚书令,封高乡亭侯,加官侍中。桓阶生病,曹丕亲自前往探病,并改封他为安乐乡侯,赐食邑六百户,又赐桓阶三个儿子为关内侯。后来桓阶病重,曹丕派使者到桓阶住处,封桓阶为太常。桓阶去世,曹丕伤心流泪,赐谥号为贞侯。其儿子桓嘉继承爵位。桓嘉后来与吴国交战时阵亡,他的儿子桓翊继承爵位。

无地自厝

- **释　义**　形容非常羞愧，就像没有地方可以让自己容身一样。

- **【出　处】**　夙宵战怖，无地自厝。

　　　　　　　　　　　　（陈寿《三国志·魏志·管宁传》）

- **近义词**　无地自容、无地自处

■ 故事背景

　　管宁一再婉拒曹魏的征召，坚持过隐居生活。

　　管宁是北海人，与华歆和邴原是好友，曾一起到其他地方求学。天下大乱时，他与邴原、王烈等人前往辽东避难。

　　黄初四年（223年），曹丕下诏让大臣举荐有才德之士，华歆推荐了管宁，曹丕征召管宁为太中大夫。管宁带着家眷回到北海，不过没有接受任命。曹叡继位，改元太和（227年），太尉华歆想让位给管宁，曹叡下诏："太中大夫管宁品格高尚，精通六艺（礼、乐、射、御、书、数），清静无为，为世所称颂。过去曾因王道衰落，一度渡海隐居。如今大魏顺应天命，管宁亦携妻带子回来，这正好符合潜龙在渊、圣贤入世出世的大义。然而，先帝曾征召多次，管宁都称病辞谢，难道朝廷政事有违你的志趣，你将要在山林中安逸享乐，一去不复返吗？圣贤周公尚且担忧有德之人不肯依附，令国家难以和睦；贤明如秦穆公，仍虚心向黄发老人请教。何况我德行浅薄，又怎会不愿向士子大夫求教治国的道理呢？现在任命管宁为光禄勋。伦常之礼、君臣之道不可废弃，你务必前来，以慰我心。"曹叡又命令各州郡官员接到诏书后，按礼节提供小车、随从、坐褥和食物，沿途护送，上路前先向他报告。

管宁

不过管宁仍是上疏婉拒："微臣只是个居住在海边的草莽之夫，既不从事农耕，又不是保家卫国的军人，却有幸享受优厚俸禄。陛下继承大业，德行可比三皇，教化超越唐尧。微臣已蒙受皇恩十二年，却不能报答陛下大恩。

微臣身患重病，时日无多，违背服从君主的职责，令我昼夜惊恐，惭愧得无地自容。"管宁在奏疏中感谢曹叡的隆情厚爱，但强调自己德行浅薄，加上染病多年，病情日益严重，不能乘车前往，尽到作为臣子的责任。求曹叡收回圣命，任由他流放在外，以免他客死在进京的途中。

后续征召管宁的诏书仍然不断，曹叡同时派人打探管宁是否在装病。监视的人回报，管宁生活如常，估计他不愿入仕途的原因是安于隐居生活，只是想保持自己的志向，不是故意显示清高。

正始二年（241年），曹芳再征召管宁，朝廷还安排小车前往迎接管宁，但那时管宁刚去世，终年八十四岁。

随世沉浮

■ **释　义**　指顺随世俗，没有己见。

【出　处】"问巴消息，称曰刘君子初，甚敬重焉。"裴松之注引《零陵先贤传》："若令子初随世沉浮，容悦玄德，交非其人，何足称为高士乎？"

（陈寿《三国志·蜀志·刘巴传》）

■ **近义词**　随波逐流
■ **反义词**　卓尔独行

■ **故事背景**

刘巴性格刚直，绝不随波逐流。

刘巴年少时已有名气，荆州牧刘表多次征召他，甚至举荐他为茂才，他都没有答允。建安十三年（208年），刘表逝世后不久，曹操攻伐荆州。刘备南逃至长江南部，荆、楚一带众多士人选择追随刘备，刘巴却北上投靠曹操。曹操任命刘巴为丞相府掾属，派他前往长沙、零陵和桂阳三郡招降。刚好刘备攻占这三郡，刘巴无法回去交差，便逃往交趾郡。其间他写信给诸葛亮，说交趾人乐天知命、自给自足。他宁愿将生命托付给大海，也不愿意回荆州了。诸葛亮则邀请他投靠刘备。

刘巴回到蜀地后不久，刘备平定益州，刘巴向刘备请罪，但刘备没有责怪他。建安二十四年（219年），刘备称汉中王，任命刘巴为尚书，后接替法正为尚书令。刘巴生活节俭，为官清廉，不置办产业。他考虑到自己并非一开始便归附刘备，怕受到猜疑，所以对人恭敬寡言，退朝后便不和人私下交往，如非公事也绝不发表自己的意见。刘备称帝时，昭告天下的文诰策命都是出自刘巴之手。

章武二年（222年），刘巴去世。魏国尚书仆射陈群写信给诸葛亮，打听刘巴的消息。称他为"刘君子初"，非常敬重刘巴。

吴国将军张昭曾对孙权谈论刘巴，当时张昭认为刘巴嫌弃张飞是一介粗人而不予接待的做法过分，批评刘巴心胸狭窄。孙权说："如果让刘巴随波逐流，曲意逢迎来取悦刘备，结交不该结交的人，又怎能称得上是性格高洁的贤士呢？"

孜孜不倦

- **释 义** 形容勤奋努力，不知疲倦。

- 【出 处】 自去长史，优游无事垂三十年。乃更潜心典籍，孜孜不倦。年逾八十，犹手自校书。

（陈寿《三国志·蜀志·向朗传》）

- **近义词** 孜孜无倦
- **反义词** 无所事事

■ 故事背景

向朗勤奋好学，年过八十，仍勤奋学习，不知疲倦。

向朗是襄阳郡人，年少时曾拜师司马徽，所以与徐庶、韩嵩和庞统等人结成好友。

刘表曾任命向朗为县长，刘表去世后，他改而追随刘备。刘备平定长江以南各郡后，派向朗统领秭归、夷道、巫和夷陵四个县的军政事务。蜀地平定后，向朗先后担任巴西、牂牁和房陵三郡的太守。刘禅即位后，向朗任步兵校尉并代替王连兼任丞相府长史。丞相诸葛亮南征，向朗负责打理后方事务。

建兴五年（227年），向朗跟随诸葛亮进驻汉中。马谡在街亭战败逃走，向朗因与马谡交好而知情不报，诸葛亮一怒之下免去向朗官职，命向朗返回成都。几年后复职为光禄勋。诸葛亮去世后，朝廷追念他的功绩而封他为显明亭侯，赐位特进。

向朗虽曾师事司马徽，不过其实没有做学问的功夫，更没有培养俭朴的美德，一心以为只要当官便会得到世人称赞。自从被免职，即使后来复职，他也一直被投闲置散，于是他开始专心研习经典，从不懈怠。即使年过八十，他仍亲自校订书籍，指出谬误之处，他收藏经书之多，在当时首屈一指。他招待客人，鼓励后辈时，也只谈经论典，不涉及时政，因而得到当时人们的称赞，从朝中大臣到市井儿童，大家都很敬重他。

延熙十年（247年），向朗去世。临终前，他都不忘告诫儿子，君臣和谐才能使国家安定太平，家人和睦做事才能成功，贫困不是一个人应担忧害怕的事，只有和谐相处才是最可贵的，要儿子好好学习。

―――― 历代例句 ――――

出除岐州刺史,津巨细躬亲,孜孜不倦。

(唐 李延寿《北史》)

窃以化化无穷,递成迁染;孜孜不倦,方导沉沦。

(唐 司空图《为东都敬爱寺刻律疏》)

一个人在洋油灯下,孜孜不倦地看笔记本。

(近代 周而复《白求恩大夫》)

甄奇录异

■ 释　义　指选拔录用优秀的人才。

【出　处】"骘于是条于时事业在荆州界者,诸葛瑾……李肃、周条、石干十一人,甄别行状。"裴松之注引三国吴韦昭《吴书》:"(李肃)善论议,臧否得中,甄奇录异,荐述后进,题目品藻,曲有条贯,众以此服之。"

（陈寿《三国志·吴志·步骘传》）

■ 故事背景

吴国太子孙登请步骘为他选拔有贤德的人才。

东汉末年,天下大乱,步骘从家乡到江东避难,白天靠种瓜维生,晚上则诵读经书,研习治国之道。他为人宽容儒雅,性格沉稳,称得上是英才俊杰。

孙权被曹操表荐为讨虏将军后,征召步骘辅助。步骘为孙权屡立战功,先后平定交州、益阳、零陵和桂阳等州郡。

孙权立吴国称帝,改元黄龙(229年),步骘被任命为骠骑将军。当时,太子孙登驻守武昌,他性情和善,待人以礼，乐于行善。孙登写信请步骘为他挑选贤能君子，以便助他兴隆教化，治理政务。步骘于是把当时在荆州一带的官员如诸葛瑾、陆逊、朱然、程普、潘濬、裴玄、夏侯承、卫旌、李肃、周条和石干十一人列出来，并逐一分析他们的品行才能。步骘同时上书鼓励孙登，如果能够信任并重用这些人才，是天下之福。

在这批人中，李肃年少时已经以才华杰出而为人所知，他善于评价人和事，而且褒贬恰当，能够辨别和选拔优秀人才、举荐后辈，对这些人才的评价有条有理，因而深得众人佩服。孙权提拔李肃为选曹尚书，因他选拔和举荐人才得当，故被誉为"得才"，即获得贤才的意思。李肃曾向孙权请求外出补任官吏，他任桂阳太守时，当地官吏也对他心悦诚服。

顾名思义

- **释　义**　看到名称就想到它的含义。

- **【出　处】**　欲使汝曹立身行己，遵儒者之教，履道家之言，故以玄默冲虚为名，欲使汝曹顾名思义，不敢违越也。

（陈寿《三国志·魏志·王昶传》）

- **近义词**　望文生义
- **反义词**　断章取义

■ 故事背景

王昶给侄儿和儿子起名字时，选用了有警世作用的名字，希望他们谦虚诚实，言行符合礼教。

王昶是太原郡人，少年时已在当地很有名气。曹丕还是太子时，王昶为太子文学官，又任中庶子。曹丕即位，改任王昶为散骑侍郎，调任洛阳典农。曹叡即位后加任他为杨烈将军，赐爵关内侯。王昶虽然在地方当官，但关心朝政。他认为曹魏沿袭了很多秦汉的弊政，必须彻底改革。青龙年间，他撰写了《治论》，向朝廷提议有哪些古代制度适用于今日；又撰写《兵书》，阐述用兵之道。

王昶为兄长的儿子和自己的儿子取名时，都选用与谦虚和诚实有关的文字，他为侄儿分别取名为王默，字处静；王沈，字处道。自己的儿子王浑，字玄冲；王琛，字道冲，以表达他对后辈的期望。

王昶曾写信告诫他们："为子之道，最重要的是有真实的本领、良好的品行，让父母感到光荣。所有行为中，孝敬仁义是最重要的。孝敬长辈则宗族和谐，讲究仁义则邻里和睦。常言道'知足常乐'，鉴古阅今，从未见过贪得无厌、争名逐利、结党营私者可以永保家业、永享福禄的。希望你们律己以严，遵从儒家教诲，信奉道家的思想，所以我给你们起名时选用了玄、默、冲、虚，就是要你们看到自己的名字就想起个中含义，万万不可违背。古人都在圆盘和方盂上刻上铭文，在桌上和手杖上刻有训诫，就是要时时刻刻都看到，以提醒自己的行为，更何况这些字已成为自己的名字，你们更要时刻谨记。

"欲速则不达，因此有才德的人不会贪求捷径，不会自吹自擂，他们不是礼让他人，只是以屈为伸，以谦让为美德。毁坏他人名誉是做坏事的开端，也是招致灾祸的祸端，所以圣人的一言一行都特别小心谨慎。

"若有人批评自己，就应好好自我检讨，若真有其事，别人的批评便是合理的，即使是诋毁，也不要怨恨别人而口出恶言，制止别人诋毁的最好方法就是好好修炼自己。谨记远离搬弄是非的奸佞小人。世途险恶，一定要谨言慎行。"

历代例句

桓南郡（玄）与道曜讲《老子》，王侍中（祯之）为主簿，在坐。桓曰："王主簿可顾名思义。"

（南朝宋　刘义庆等《世说新语》）

桂花蝉顾名思义，想是香味如桂花，或因桂花开时乃有，未详。

（近代　鲁迅《两地书》）

高才远识

- **释　义**　才能高超，见识深远。

- **【出　处】**　"清醇有鉴识。"裴松之注引三国魏周斐《汝南先贤传》："召陵谢子微，高才远识。"

（陈寿《三国志·魏志·和洽传》）

- **近义词**　高才卓识
- **反义词**　短见拙识

■ 故事背景

东汉时期社会流行一股风气，喜欢品评人物，而且出现一些有名的人物评论家，在社会上有很大的影响力。许劭便是其中之一，经他品评提拔的人大多品行端正，成就非凡。

东汉名士谢子微是一位有才华、见识深远的人，当他见到年仅十八岁的许劭时，惊叹道："这人是当今世上难得的人才，他才华出众，将是个功绩卓著、受人尊敬的人。"

汝南人许劭善于品评人才，经他发掘出来的人，如在市场卖头巾的商贩樊子昭、牧童虞永贤、居于乡间的李淑才、马车夫郭子瑜，还有杨孝祖、和洽，他们六人都是备受赞誉的有贤德的人。例如和洽，在魏明帝曹叡时官至太常。即便是一些平凡之辈，一经许劭品评都有机会成名。经他提拔、彰显成就的人可谓多不胜数。不过，一些徒具虚名的小人也难逃他的法眼。

东汉末年，朝纲败坏，许多有德行的人被残害或流放，他们便设法求见，希望得到许劭的提点。

许劭善于评人，自己却淡泊名利，他曾多次被推举做官，都不肯接受任命，后来便远走江南避难。许劭到过的地方都成为名士聚集之地。许邵最后定居南昌，逝世时只有四十六岁。他的儿子许混品性高洁，后来成为魏国名臣，明帝时官至尚书。

---- 历代例句 ----

（上官昭容）果是高才卓识，即沈宋二人，尚且服其公明，何况臣等。

（清　褚人获《隋唐演义》）

管宁割席

■ 释　义　指与志趣不同的朋友停止来往。

【出　处】　管宁、华歆尝同席读书,有乘轩冕过门者,宁读如故,歆废书出看,宁割席分坐曰:"子非吾友也。"

（南朝宋　刘义庆等《世说新语》）

■ 故事背景

管宁认为华歆与自己性格和志向都不同,便与华歆割席绝交。

管宁是东汉末年一位德行卓绝的隐士,一生淡泊名利,曹操父子一再征用他为官都推辞不就。华歆在魏国则官运亨通,官至太尉。

两人年轻时本来是好朋友,曾一起到其他地方求学,读书时也常常坐在同一排座位。

有一次,两人在园中锄地,管宁锄到一块黄金,但他不为所动,把金块当作砖瓦石块一样,用锄头一拨就把它拨开。华歆也见到并听到声音，虽然明知道这东西不应该拿，但仍忍不住拿起来看看才扔掉。

又有一次，两人坐在同一张席上读书，门外大街上有达官贵人乘着华丽的马车经过，引得路人欢呼喝彩。管宁充耳不闻，继续认真地看书。华歆却放下书本，跑到门口凑热闹，对官员的排场羡慕不已。车马过去之后，华歆回到屋里。管宁眼见华歆不专心读书，贪慕虚荣富贵，于是用刀将两人同坐的席子从中间割开，说："你不是我的朋友！"决定与华歆绝交。

虽然两人性格迥异，但华歆没有忘记与管宁的情谊，而且非常欣赏管宁的德行和才华。华歆一生官运亨通，得到曹操、曹丕和曹叡祖孙三代器重，官至司徒、太尉，他曾屡次向曹丕和曹叡推荐管宁，曹丕和曹叡也下诏任命管宁，但管宁始终志向不在功名利禄，一再推辞，继续过他不慕名利、淡泊自甘的隐士生活。

■ 延伸阅读

管宁避世辽东，随读学生数百人，成为一代名师，屡获征召而不为所动。华歆生平功业显赫，有学问和能力，也曾以道德文章为人所颂。华歆一直受曹氏三代重用,亦能不计前嫌,推荐管宁出仕。但他到底与管宁性情志向不同,更道德有亏,最为世人诟病的是诛杀献帝皇后。

倒屣迎之

- **释　义**　急于迎客，把鞋都穿倒了。形容热情待客。

【出　处】　闻粲在门，倒屣迎之。

（陈寿《三国志·魏志·王粲传》）

- **近义词**　蔡屣延才

■ 故事背景

蔡邕听说王粲来访，来不及穿好鞋子就去迎接他。

王粲博学多才，是汉魏时代著名的文学家。王粲是名门之后，曾祖父和祖父在汉朝为官，均位列三公，父亲王谦曾任外戚何进的长史。汉献帝西迁长安时，王粲亦移居长安。

当时，东汉左中郎将蔡邕的才学名满天下，备受敬重，他家门前经常车马盈巷，每天都有许多宾客拜访。有一次，王粲去拜访蔡邕，蔡邕听到王粲在门外求见，兴奋得连鞋都穿倒了，赶忙出来迎接。蔡邕迎接王粲到府内

蔡邕

蔡文姬

时，由于王粲年少，又身材矮小，满屋的人都对蔡邕的反应感到惊讶，但蔡邕说："他就是王司空（王粲祖父王畅）的孙子，才华盖世，我比不上他，我家里收藏的书籍文章应该全部送给他。"

  王粲十七岁时，已被皇帝征召入朝为官，但因长安混乱而没有赴任。他改往荆州投靠刘表，但刘表见他其貌不扬并不看重他。刘表死后，儿子刘琮继位，王粲劝刘琮归顺曹操。王粲博学强记，对所问的问题都能答得上来，深得曹操器重。魏国建立后，他被任命为侍中。当时旧有礼制败坏，需要重新制定，王粲长期主理此任务。

■ 延伸阅读

蔡邕是汉末的大学者，王粲是汉末三国著名的文学家。蔡邕以重视人才著称，年轻的王粲深得蔡邕的重视和揄扬，而王粲亦不负蔡邕赏识，成为一代文学家。蔡邕拥有万卷藏书，他把自己的藏书装了好几车送给王粲。后来王粲的两个儿子被曹丕所杀，藏书便归了王粲侄孙王业。蔡邕的女儿就是戏曲和历代画像题材"文姬归汉"的主角蔡文姬，她是汉末三国的著名文学家。

———— 历代例句 ————

伏遇留守侍郎，燕金募秀，蔡屣延才。铎宣百世之文，旌集四方之善。远者近者，鼓之舞之。

（北宋　范仲淹《上张侍郎启》）

拔十得五

■ 释　义　想选拔十个人，但只有五人是可造之才。形容选拔人才不容易。

【出　处】后郡命为功曹，性好人伦，勤于长养，每所称述，多过其才，时人怪而问之。统答曰："当今天下大乱，雅道陵迟，善人少而恶人多；方欲兴风俗，长道业，不美其谭，即声名不足慕企，不足慕企，而为善者少矣；今拔十失五，犹得其半，而可以崇迈世教，使有志者自励，不亦可乎？"

（陈寿《三国志·蜀书·庞统传》）

■ 故事背景

庞统是三国时知名的谋士，司马徽形容他的才华可与诸葛亮匹敌。

庞统年少时已得到名士叔父庞德公的赏识，认为他绝非寻常之辈。庞统年纪稍大时，有一次，他前往拜访名士司马徽，据说两人交谈了一整天，可见他们十分欣赏对方。司马徽称赞庞统才智过人，非同凡响。

建安十四年（209年），周瑜战胜曹仁，占领南郡。庞统在南郡太守门下担任了功曹。庞统和许多当时的名士一样，喜欢评论他人的品德高下，也乐意提携后辈。然而他所称赞的人，不少都是言过其实。人们感到奇怪，问他个中缘故。庞统答道："当今天下大乱，社会风气败坏，好人少而坏人多，要重整道德风气，若不把值得赞誉的人讲得更完美，他们的名声就不会为他人所仰慕，如果没有人敬佩，做好事的人便会更少。现在我夸奖的十个人中，即使有五人过于夸大，还有一半是好的。他们可以鼓舞人心，使有志做好事的人自我鼓励，不也很好吗？"

周瑜去世后，庞统前往荆州跟随刘备，与诸葛亮一同扶助刘备共谋大业。

历代例句

夫吏部尚书、侍郎，以贤而授者也，岂不能知人？如知之难，拔十得五，斯可矣。

（北宋　欧阳修等《新唐书》）

谓拔十得五而可得其半，故匿瑕含垢而以求其长致。

（北宋　陈师道《谢胡运使启》）

无施不效

■ 释　义　指施行的每项策略都有效果。

【出　处】"表封彧为万岁亭侯。"裴松之注引《荀彧别传》："（臣）与彧勠力同心，左右王略，发言授策，无施不效。"

（陈寿《三国志·魏志·荀彧传》）

■ 故事背景

曹操赞扬荀彧所提出的策略都有效可行，表现突出。

荀彧本为袁绍旧臣，但他觉得袁绍难成大器，于是改为跟随曹操，并成为曹操的重要谋士，多次助曹操战胜敌人，例如平定张邈和陈宫的叛变、擒杀吕布、剿灭袁绍势力等。建安九年（204年），曹操上奏献帝，请封荀彧为万岁亭侯。他在表章上说："臣听说，评定一个人功过的标准，谋划策略应居于首位：野战的功劳不会高过在朝廷上出谋献策，战功也不会超越治理国家的功勋。因此，周公的诏命不下于姜子牙，萧何的封地多于曹参。由古至今，好的谋略和重要的计策一直都为人所尊崇。荀彧品德端正，从小到大从未犯错，他身逢乱世但仍忠心为国，竭力维护国家安定。臣自举义兵以来，到处征战，与荀彧同心合力，他提出的策略，都能实施奏效。荀彧的功业，正是臣能成就大事的原因；他的贡献，犹如拨开浮云，照出日月光辉。陛下建都许昌，荀彧掌管机密，忠诚恭敬，尽忠职守，如履薄冰，事事亲力亲为。天下平定，实在是荀彧的功劳，应该给他赐爵加官，以彰显他的首功。"荀彧看到表章时，一度拒绝曹操呈给献帝。于是曹操写信给荀彧，指出自己能建立朝廷，都是因为有荀彧为他出谋献策、举荐人才。曹操劝荀彧不要推辞，荀彧才接受。

荀彧一度成为曹操的第一谋士，不过，后来因反对董昭等人推举曹操为魏公，令曹操怀恨，荀彧最后郁郁而终。

■ 延伸阅读

作为领袖，曹操一大特点是奖励有贡献的下属，所以能得人忠心。曹操一生最为历史诟病的，是对阻挠自己权位意志的人，不管对方功劳多大，也不惜除掉，如毛玠、崔琰等。所以《三国演义》等作品中将曹操塑造为奸雄的形象，并不是凭空编造的。

同心一意

■ **释　义**　意为心志一致。

【出　处】　肃请得奉命吊表二子，并慰劳其军中用事者，及说备使抚表众，同心一意，共治曹操，备必喜而从命。

（陈寿《三国志·吴志·鲁肃传》）

■ **近义词**　一心一意、同心同德
■ **反义词**　离心离德

■ 故事背景

建安十三年（208年），刘表去世，鲁肃代吴国吊祭，并游说刘备与孙权联合抗曹。

鲁肃为人仗义，经常变卖家财帮助有困难的人。周瑜任居巢长时，曾率领数百人拜访鲁肃，请求鲁肃捐助粮食。鲁肃一口答应后捐出一个粮仓的粮食，令周瑜对他另眼相看，两人结为好友。周瑜率兵渡长江时，鲁肃也跟随左右。

后来，周瑜向孙权推荐鲁肃，孙权立即接见，两人讨论天下局势。鲁肃建议孙权占据长江以南的全部地方，然后称帝，继而夺取天下。孙权听罢，表明自己只希望辅助汉室，没有采纳鲁肃的建议。

刘表去世后，鲁肃再劝孙权："荆楚之地与吴国接邻，顺流而往可直达北方。这里外有长江、汉水围绕，内有山陵天险做屏障，犹如金城般牢固。而且这里土地肥沃，如果能占据此战略阵地，就是成就帝业的资本。如今刘表刚去世，他的两个儿子内讧，将领也分成两派，本来归附刘表的刘备与曹操素有嫌隙。如果刘备与刘表的儿子联合起来，我们应与他们结盟；如果他们各怀鬼胎，我们就应另作打算。请让我代表吴国前往荆州吊祭，慰劳他们的将领，并劝说刘备安抚刘表的部下。我们若能团结一致，共同对付曹操，刘备一定会乐于从命。如果成事的话，天下就可以平定了。事不宜迟，要立即进行，以免被曹操抢占先机。"

孙权立即派鲁肃前往。鲁肃还没到荆州便听说刘表儿子刘琮已投降曹操，刘备逃离荆州准备南渡长江。鲁肃便改往长坂坡与刘备会面，向刘备详细转述孙权的意图，并劝说刘备与孙权合作。刘备听后非常兴奋。这时诸葛亮正追随刘备，鲁肃跟诸葛亮说："我是子瑜（诸葛亮胞兄诸葛瑾）好友。"两人当即结成朋友。刘备于是进驻夏口，鲁肃便回吴国复命。

■ 延伸阅读

跟《三国演义》情节不同，真实历史中，赤壁之战倡议孙刘合作的最初推动者是鲁肃，其次是诸葛亮和周瑜。与诸葛亮一样，鲁肃是出色的策略家和军事家，胸怀大略，慷慨侠义，是一位英雄式的人物，并不是《三国演义》中有些糊涂的老好人形象。

―――― 历代例句 ――――

因说刘备使抚刘表，众将同心一意，共破曹操；备若喜而从命，则大事可成矣。

（明　罗贯中《三国演义》）

饮醇自醉

■ 释 义　比喻与宽厚的人交往如饮美酒，不觉心醉，令人敬服。

【出 处】"唯与程普不睦。"裴松之注引《江表传》："普颇以年长，数陵侮瑜。瑜折节容下，终不与校。普后自敬服而亲重之，乃告人曰：'与周公瑾交，若饮醇醪，不觉自醉。'"

（陈寿《三国志·吴志·周瑜传》）

■ 故事背景

程普是孙权父亲孙坚时的名将，常在周瑜面前倚老卖老。周瑜始终不和他计较，程普被感动，越发敬佩周瑜。

周瑜与孙策交情深厚，孙策死后，周瑜便辅助孙权成就帝业。孙权的将领中，许多是皇亲国戚或是孙坚、孙策时的旧部下，其中年岁最长的程普更被尊称为程公。程普见年轻的周瑜深得孙权器重，又受同僚欢迎，心生不满，故常倚老卖老，借故打压周瑜，不过性格开朗的周瑜始终不与他计较。随着对周瑜的认识日深，程普终于被周瑜的宽宏大量感动，对周瑜愈加敬重，他更对人说："与周瑜交往，犹如尝美酒一样，不知不觉间就陶醉其中了。"

曹操有意拉拢周瑜归顺，委派与周瑜有交情而且有辩才的蒋干当说客。蒋干特地打扮成普通士人的样子探访周瑜。蒋干假意说是来聚旧，并希望能领略周瑜高超的音乐造诣。周瑜心里有数，便特地请蒋干多留几天，让蒋干看他如何得到孙权的礼待。

蒋干知难而退，终究没有进行游说。蒋干回去后，跟曹操说周瑜的气度宽宏大量，性情高雅，用言语是不可能离间周瑜和孙权之间情谊的。

赤壁之战后，刘备、曹操都曾向孙权进言，希望能让孙权猜疑周瑜，但孙权不为所动。建安十五年（210年），周瑜去世，孙权流着泪说："周瑜有辅助君王成就帝业的才干，现在他夭亡早逝，我还可以依靠谁啊！"后来孙权称帝，又对公卿大臣说，"如果当初没有周瑜，我今天就不可能当上皇帝。"

■ 延伸阅读

在《三国演义》和根据《三国演义》创作的各种戏曲中，周瑜虽然对孙吴忠心耿耿，却是一个气量狭隘的人，屡为诸葛亮所折。其实,历史上的周瑜是一位有战略眼光的将帅,孙策的崛起、孙权的发展,周瑜的功劳最大。最难得的是他从无异心,而且气量恢宏,为人雅致,是三国时期文武双全的英雄人物之一。宋朝苏轼在《赤壁怀古》一赋中,就称颂他是"雄姿英发,羽扇纶巾,谈笑间,樯橹灰飞烟灭"的"千古风流人物"。

负重致远

- **释　义**　背着重物到达很远的地方。也比喻担当重任。

- **【出　处】**　统曰："陆子可谓驽马有逸足之力，顾子可谓驽牛能负重致远也。"

（陈寿《三国志·蜀志·庞统传》）

- **近义词**　任重道远

■ 故事背景

庞统喜欢品评人才，称赞顾邵能担当重任。

庞德公是东汉末年名士，与司马徽、诸葛亮和徐庶等人是好友，他称司马徽为"水镜先生"，诸葛亮为"卧龙"，而侄儿庞统为"凤雏"。

庞统性格朴实纯厚，年少时没有太多人留意他，只有庞德公赏识他。庞统二十岁时，庞德公派他拜访司马徽。当时司马徽正在树上采桑叶，便叫庞统坐在树下，两人从白天谈到晚上。司马徽非常欣赏庞统的才华，称庞统为南郡士人中最出色的。庞统逐渐为人所认识，后获任命为南郡功曹。

庞统在评论人物时往往喜欢夸大其词。庞统说:"如果我赞扬十个人,即便有五个其实不符合标准,也还有五个是真正的好人,可以透过这五个好人鼓励他人做好事。"

建安十五年(210年)吴国将领周瑜在南郡去世,庞统将灵柩送返吴国。吴国人对庞统的名声早有所闻,待庞统参加完丧礼准备回荆州时,多位士人,如陆绩、顾邵和全琮都齐集在阊门,希望得到庞统的点评。庞统说:"陆绩虽不是良驹,但也可以供一个人乘坐着上路;顾邵像牛,牛虽然走得慢,但可以负载着沉重的东西运往远处,肩负起重大责任啊!"他又对全琮说,"你乐善好施,爱慕名声,虽智力平庸,但也是一代优秀人才。"后来顾邵往访庞统,问道:"若你我比较,谁较优异?"庞统回答:"若说陶冶世俗,分析时人,我不及你;但论给帝王出谋献策,我就比你强一点了。"顾邵认为庞统所言有理,两人遂结成好友。

■ 延伸阅读

庞统在阊门点评过的陆绩、顾邵、全琮,日后都是孙吴政权的重要人物，在《三国志》中皆有记载。

陆绩，字公纪，吴郡吴人，出身于名门世家的吴氏，他的父亲陆康曾任庐江太守。陆绩是中国著名"二十四孝·陆绩怀橘"故事的主人公。他外貌伟岸，博学多识，但不追求做官，更喜欢做学问，著有《浑天图》，注《易》释《玄》，都是传世之作。可惜享年只有三十二岁。

顾邵，字孝则，孙权时名相顾雍的长子。博览群书，好评点人物。他与陆绩是甥舅关系，两人少已齐名，好交四方人士。他二十七岁时已成为豫章太守，注重道德教育，用善举善行影响更多的人；他还提拔出身低微的人才，留心下士。顾邵担任郡守之位五年后去世。

全琮，字子璜，吴郡钱塘人。他的父亲全柔曾任孙权政权的桂阳太守。全琮曾因接济从中原到江南避难的数百士人而声名远播。在孙权当政时多次参与重要战役，建功不少。全琮为人恭顺，劝谏时善于观察，言辞不触犯君主。虽然后来位高权重，但依然待人谦虚，脸上从不流露出骄傲的神情。全琮官至大司马、左将军。

―――――― 历代例句 ――――――

不辞负重涉远，不避经险履危。

(西晋　葛洪《抱朴子》)

吾闻负重涉远，不择地而休；累重家贫，不择禄而仕。

(清　各邦额《夜谭随录》)

同休共戚

■ 释　义　共同分享快乐，共同分担忧愁。形容利害相同，甘苦与共。

【出　处】　同休等戚，祸福共之。

（陈寿《三国志·蜀志·费诗传》）

■ 近义词　休戚与共

■ 故事背景

费诗劝告关羽，不应因不满与黄忠同列而拒绝接受任命。

刘璋治理益州时，费诗任绵竹县令。刘备攻打绵竹时，费诗带着全城军民投降。刘备平定成都，兼任益州牧后，任命费诗为督军从事，出任牂牁太守，返回益州后任前部司马。

建安二十四年（219年），刘备自立为汉中王，派费诗前往荆州委任关羽为前将军。当关羽得悉刘备将黄忠任命为后将军，与自己同一等级时大怒，关羽说道："大丈夫终不与老卒为伍！"拒绝接受任命。费诗劝告关羽："凡是建立王业的人，怎会只任用一个人？从前萧何、曹参与汉高祖（刘邦）在年轻时已经是好朋友，而陈平和韩信是后来逃亡而来的，但他们在朝上的官位以韩信为最高，也从来没有听到萧何和曹参有怨言。如今汉中王以黄忠的功劳而厚待他，可是在汉中王心里孰轻孰重，谁又能与君侯（你）相比？何况汉中王与君侯如同一体，休戚与共，有福同享，有祸同当。愚见认为，君侯不应该执着于官位高低和爵位俸禄。小人只是奉命而来的使臣，若君侯不愿意接受，我也只好按你的想法回去复命，但我对你的这种想法深表惋惜，恐怕你也会后悔啊！"关羽听后猛然醒悟，接受了任命。

■ 延伸阅读

费诗以历史为例劝说关羽，有说服力；而且抱有"与人为善"的态度，所以能打动关羽。陈寿评价费诗"率意言"，更说明费诗是一个直言不讳的人。刘备称帝，费诗上书，认为刘备这样做不妥。孟达叛蜀降魏，有与诸葛亮言好的意思。诸葛亮对蒋琬和费诗表示，可以给孟达传信；而费诗立刻说："孟达是个小人，对这样反复无常的人，何必与他书信联系？"由这两件事，可见费诗的为人。

---- 历代例句 ----

吾居将相，与国舅甥，同休共戚，义由一体。

（唐　令狐德棻《周书》）

出处殊涂

■ 释　义　指出仕与隐居的态度各不相同。

【出　处】　虽出处殊涂（途），俯仰异体，至于兴治美俗，其揆一也。

（陈寿《三国志·魏志·管宁传》）

■ 故事背景

曹魏第三位皇帝明帝曹叡驾崩，曹芳即位不久，多位大臣上奏，请求他像先帝曹丕和曹叡一样，征召管宁入朝，设坛讲学，教化臣民。

黄初四年（223年），文帝曹丕想寻找有贤德的人，询问朝臣意见。司徒华歆推举管宁应选，文帝听后派车前往征召，管宁欣然应允，从边远之地回来。可惜路途遥远，管宁途中染上疾病，于是朝廷任命他为太中大夫，但管宁推辞不肯接受。

黄初七年，文帝驾崩，曹叡即位为明帝，改任华歆为太尉。华歆以病请辞，自愿将职位让给管宁。明帝没有同意，但还是赞美管宁的德行，授予他光禄勋。当时司空陈群亦举荐管宁，认为管宁言行是世人的典范，才学足当世人的老师。不过，管宁始终以病推辞。

正始二年（241年），太仆陶丘一、永宁宫卫尉孟观、侍中孙邕和中侍郎王基上奏推荐管宁，指出管宁旧病痊愈，虽然年将八十，但仍然心怀壮志；虽退居陋巷柴门，仅能以粥饭糊口，但仍吟诵《诗经》《尚书》，志趣不减。称管宁不惧困厄，虽然经历困难危险，但节操不改。

奏疏上还说："管宁清高恬淡，志行高洁，学问造诣和德行都胜过许多前代贤德之士。陛下应该以绢帛璧玉，礼貌地征聘他，并重新授予几案手杖，尊他为国老。还应请他设坛讲学，谋划治国之道。这样的话，对上可以帮助陛下匡正朝廷纲纪，对下可以造福百姓；这样一定能让天地伦常正常运转，国家教化发扬光大。即使管宁固执，坚决要仿效黄帝时的洪崖，帝尧时的巢父、许由那样逍遥隐居于山野，这也说明我们魏国与唐尧、虞舜一样优待贤士、名扬千古。出仕或归隐，当官或只做老百姓，虽然出发点有所不同，但说到国家兴盛、风俗美好，道理却是一样的。"

■ 延伸阅读

  三国人物给世人的印象，虽有贤明与不肖之别，但大多是些逞强斗智、乱世争雄的大小人物。其实，三国历史中称得上的人物数量上千，但他们立身处世的方法却千差万别。一部三国史中的人物，其实是古今种种人物的写照。

  关于管宁另有"管宁割席"的成语故事。《世说新语》记载，年轻时管宁与华歆的处世态度已大不相同，是天性使然，还是学养的分别，可供世人寻味。华歆仕途顺利，贵至三公；管宁清高自处，学任人师，两人立身处世的态度也大不一样，但华歆仍一直敬重管宁，坚守情谊，也是难能可贵的。至于曹魏二帝，能褒奖礼遇管宁，则是东汉以来奖励气节的遗风。

——————— 历代例句 ———————

出处殊涂，俯仰异容。瞻叹古烈，思迈高踪。
（三国魏　阮籍《咏怀》）

出处殊涂听所安，出林何得贱衣冠。
（金　元好问《论诗》）

共为唇齿

■ 释　义　比喻互相依存，关系极为密切。

【出　处】蜀有重险之固，吴有三江之阻，合此二长，共为唇齿，进可兼并天下，退可鼎足而立，此理之自然也。

（陈寿《三国志·蜀志·邓芝传》）

■ 近义词　唇齿相依

■ 故事背景

邓芝游说孙权再与蜀国结盟，共同对抗魏国。

建安二十五年（220年），刘备薨。丞相诸葛亮担心孙权会借机图谋不轨，正为不知道怎样处理而烦恼，尚书邓芝对诸葛亮说："后主年幼，又刚刚即位，我们应该派使者去东吴，与吴国重修旧好。"诸葛亮听了之后很开心，说道："我已考虑良久，只是没有合适人选，现在有了。"邓芝问这人是谁，诸葛亮回答道："正是阁下啊！"于是邓芝被派遣出使东吴进行游说。

果然，邓芝到吴国时，孙权怀疑蜀国的企图，没有立

邓芝

即接见邓芝。邓芝主动要求拜谒，并道出此行目的不仅是为蜀国，也是为吴国。孙权考虑到这种情况，便召见邓芝，并对他说："我的确有意与蜀国和亲，但我担心蜀主年幼，现在蜀国势弱而外敌强悍，会被魏国欺凌，不能自保，才会犹豫不定。"邓芝答道："吴蜀两国占据四州土地，大王是当今英雄，而诸葛亮亦是一代豪杰。蜀国有重重天险可以防守，而吴国有三江阻隔做天然屏障。只要结合这两大优势，两国结为唇齿之邦，互相依存，进可吞并天下，退可鼎足三分，这是很自然的道理。若大王投靠魏国，曹魏必会先要你去朝拜，继而要你的太子到魏国做人质。若到了这一步，如果你不从命，曹魏随时会借故兴兵讨伐。这样的话，蜀国也必定会随波逐流、见机行事。到时候，恐怕江南这江山难再属于大王了。"孙权沉默了一阵子，回应道："你说得有道理。"于是，孙权与魏国绝交，再与蜀国结盟。

■ **延伸阅读**

邓芝（178—251年），字伯苗，新野人，是光武帝创立东汉的功臣邓禹之后。这次完成诸葛亮交办的使命，孙权派大臣张温回访蜀国，随后，邓芝再次前往吴国。为此，孙权写信给诸葛亮，说作为说客，邓芝言谈不浮夸，"能和合二国，唯有邓芝"。自此，蜀吴再结盟好。

高明的说客态度诚恳，辞语能为人设想，能易位而想，才能打动人心。邓芝两次出使孙吴都做到了这点，所以为孙权所欣赏。孙权此后一直与邓芝有联系，经常馈赠厚礼。与孙吴结盟，是诸葛亮一直坚持的策略。后来诸葛亮出汉中北伐，任命邓芝为中监军、扬武将军，后官至车骑将军，并作为使臣，有持符节的权力。《三国志》的作者陈寿评价邓芝："坚贞简亮，临官忘家。"

唯利是视

■ 释　义　只谋求利益，不顾及其他。

【出　处】 吕布有虓虎之勇，而无英奇之略，轻狡反覆，唯利是视。

（陈寿《三国志·魏志·吕布传》）

■ 近义词　唯利是图
■ 反义词　见义勇为、大公无私

■ 故事背景

臧洪向吕布求援，但吕布觉得臧洪对自己没有好处而没有派出救兵。

臧洪本为张超的功曹，深得张超器重。后来他获得袁绍赏识，袁绍派他兼任青州刺史，后升为东郡太守，治所在东武阳。

兴平二年（195年），曹操围攻张超，臧洪要求袁绍派兵救援被拒，张超被灭族，臧洪与袁绍断绝关系。袁绍出兵围攻臧洪，并写信劝降，臧洪拒绝，于是袁绍增兵加紧攻城。臧洪派两位司马出城向吕布求救，可惜吕布觉得出兵对自己没有好处而拒绝。

不久,城中已无粮食,臧洪自知灾祸难免,便召集官吏和将领,劝他们趁城池未破,带领自己的妻儿离去,但众官吏将领和百姓都不忍舍臧洪而去。

最初,城里的人还能煮动物的筋角充饥。到后来,主簿只剩下三斗米,本想分成几份煮粥给臧洪,但臧洪下令熬成稀粥分给大家。将士们都泪流满面,没有人能抬起头来。最后,城中男女全都靠在一起死去,没有人逃离。

吕布

此时向吕布求救的两位司马无功而返,眼见城池被攻破,两人冲入战阵战死。

城破后,袁绍仍不打算杀臧洪。他本想让臧洪屈服,但臧洪反骂袁绍,指出袁家历代深受皇恩,可袁绍不仅没有辅助的意向,反而杀害忠良。袁绍既以张超的哥哥张邈为兄长,那么张超也该是袁绍的弟弟,却任由张超被灭族也见死不救,臧洪宁死不服。袁绍大怒,命人斩掉臧洪。臧洪的好友陈容劝阻袁绍,认为臧洪不过是因为旧主才会起兵反抗,他说:"施行仁义的是君子,违背仁义的是小人。今天我宁可与臧洪同日死,也不与将军(袁绍)同日而活。"结果陈容也被杀。在座的人无不叹息。

因此,有评论认为吕布有勇无谋,狡猾而且反复无常,做任何事都利益先行。从古至今,这类人不会有好下场的。

—————— 历代例句 ——————

余虽与晋出入,余唯利是视。

(春秋 左丘明《左传》)

一举两全

- **释　义**　做一件事情可以顾全两个方面。

【出　处】　兵不远西，而胡交自离，此一举而两全之策也。

（陈寿《三国志·魏志·郭淮传》）

- **近义词**　一举两得

■ 故事背景

蜀将姜维与胡人联手攻打魏国，郭淮巧计击退蜀军。

正始元年（240年），蜀将姜维出兵陇西，郭淮迎战，击退姜维，郭淮乘势收服当地的羌、氐等三十多个部族，并把他们迁移到关中。其后，凉州一带多个外族亦前来归附。

正始五年，夏侯玄伐蜀，郭淮担任前锋，他估计形势不利便引兵撤退，因而没有遭受重大损失。正始八年，陇西、南安、金城和西平等地的羌族中有多个首领叛变，凉州胡人的其中一个首领治无戴起兵响应，他们一路向南招

引蜀军，魏将夏侯霸领兵在为翅进行抵抗。

郭淮刚到狄道，与一众将领了解局势后，判断姜维会攻击夏侯霸，于是领军与夏侯霸会合。果然如郭淮所料，姜维真的进攻了为翅，但因郭淮兵马赶到，姜维唯有退兵，郭淮一举剿平作乱的羌人。

姜维

第二年，郭淮又击退了占据河关和白土城等地的蛾遮塞等外族，讨伐占领石头山的贼兵。是时，治无戴再度作乱，姜维北上接应。治无戴将家属留在西海，自己率兵围攻武威。郭淮进兵西海，想俘虏治无戴的家眷和物资，治无戴折返，两军在龙夷以北相遇，郭淮打败治无戴。姜维命廖化留守成重山修筑城堡，重新召集因被击败四散的羌兵并保护留在当地的蜀将家眷，自己则将治无戴迎返蜀国。

郭淮计划兵分两路攻打廖化，众将领认为这样做会削弱兵力，到时两边受敌，并非好计策，不如集中兵力向西进攻，趁蜀军尚未与胡人联结上便堵截他们。但郭淮说：

"蜀军是不会料到我们攻打廖化的,当姜维发现而赶来救援,我军也有充足的时间击败廖化,姜维则是疲于奔命。姜维的军队若向西远征,蜀军就不能与胡人联手,胡人自然也会离开,这才可以一举两得。"于是郭淮派夏侯霸等人追击姜维,自己则率兵攻打廖化。姜维果然一如郭淮所料,回营救廖化。朝廷进封郭淮为都乡侯,第二年升为征西将军,统领雍州和凉州。

---- 历代例句 ----

这叫作"假亲脱网"之计。岂非一举两全之美也?

(明 吴承恩《西游记》)

进退狼狈

- **释　义**　指进退两难，陷于困境。

- **【出　处】**　阜叙起于卤城，超出攻之不能下；宽衢闭冀城门，超不得入。进退狼狈，乃奔汉中依张鲁。

  （陈寿《三国志·蜀志·马超传》）

- **近义词**　进退两难

故事背景

　　杨阜与梁宽等人合谋攻打马超，马超出城迎击。梁宽关闭城门，导致马超无法返回城内，陷于困境。

　　马超是马腾的庶长子。东汉末年，马腾与义兄韩遂等人一起在凉州起兵。初平三年（192年），马腾和韩遂率兵到长安，朝廷分别任命韩遂为镇西将军驻守金城，马腾为征西将军驻守邶县。后来，马腾袭击长安，兵败后退回凉州。不久，马腾、韩遂不和，马腾要求回到京城。朝廷准其要求，任其为卫尉，又任命马超为偏将军，封都亭侯，留守凉州，统领马腾的兵马。

马超与韩遂联手进军到潼关，曹操利用离间计令两人互相猜忌，他们的军队大败。马超退守西戎部落后不久，便率领戎族各部落攻打陇西。建安十七年（212年），马超再度反曹（冀城之围），杀死凉州刺史韦康，占据冀城，吞并了冀城军队，自称为征西将军，兼任冀州牧，统领凉州军事。韦康的旧部下杨阜、姜叙、梁宽和赵衢等人合谋要为韦康报仇。杨阜和姜叙在卤城起兵，马超从冀城出兵攻卤城，梁宽、赵衢趁机关闭冀城城门，马超因此无法返回冀城。

马超进退两难，于是前往汉中投奔张鲁。后来觉得不值得与张鲁共谋大事，此时听闻刘备在成都围攻刘璋，于是暗中写信给刘备请求归降。

刘备大喜，派人迎接马超到成都。成都百姓为此大惊，刘璋立即投降。刘备任命马超为征西将军，统领临沮军队。刘备称汉中王时，封马超为左将军。章武元年

（221年），刘备升马超为骠骑将军，兼任凉州牧。第二年，马超去世，年仅四十七岁。

历代例句

晃穆未平，康宁复至，进退狼狈，势必大危。

（唐 房玄龄等《晋书》）

谋无遗策

- **释　义**　计谋没有漏洞。形容谋划周密,从不失算。

- **【出　处】**　蜀之豪帅,面缚归命,谋无遗策,举无废功。

　　　　　　　　　　　（陈寿《三国志·魏志·钟会传》）

- **近义词**　算无遗策

■ 故事背景

朝廷赞扬钟会谋划细密周详,战无不胜。

景元四年（263年）,魏将邓艾、钟会率军伐蜀。邓艾追赶蜀将姜维到阴平后,转攻绵竹,再向成都进军。蜀后主刘禅投降,并派使者命令姜维等人向钟会投降。姜维只好下令士兵放下武器,到钟会军营投降。

钟会将过程上报朝廷："姜维、张翼、廖化和董厥等欲逃往成都,我方兵分四路,一路在前面堵截,一路从后紧追,一路拦腰截击,一路进行增援,张开大网围堵敌人。结果成功在南面截断他们逃往吴地的去路,西面堵

钟会

截了他们回成都的退路，北面阻断他们出逃的小路，大小路全部截断。姜维虽拥军四五万人，但都难逃出包围圈。我方发布告示，劝敌军投降，并给他们生路。姜维等人明白大势已去，只得解甲投降。我军收缴的印信数以万计，辎重粮草堆积如山。"钟会还表示遵从皇上圣德，禁止军队抢掠，以仁德教化民众，恢复蜀国秩序，安抚蜀国官吏、百姓和军队，免除他们的租赋，减轻劳役，令百姓欢欣安乐。

年底，朝廷下诏书嘉许钟会："钟会轻易便能摧毁敌人，所向无敌，控制各城，布下天罗地网捕捉逃兵，蜀国的大将自缚来归顺朝廷。钟会策略周详，谋划细密，所以战无不胜，总共被歼灭的敌人数以万计，大胜而归，有征无战。荡平西部国土，平定边境。现在任命钟会为司徒，晋封县侯，增加食邑一万户。封他的两个儿子为亭侯，食邑各一千户。"

不过，钟会后来心怀异心，强迫部属跟随他背叛朝廷，终于事败，被部属合力铲除。

历代例句

自顷以来，君谋无遗策，张陈复何以过之！

（唐　房玄龄等《晋书》）

无人之境

■ 释　义　指没人的地方。

【出　处】冬十月，艾自阴平道行无人之地七百余里，凿山通道，造作桥阁，山高谷深，至为艰险。

（陈寿《三国志·魏志·邓艾传》）

■ 故事背景

邓艾取道阴平偷袭成都，令蜀后主刘禅投降。

魏国曹奂景元四年（263年），大将军司马昭举兵伐蜀，司马昭兵分三路，邓艾牵制姜维，诸葛绪负责截击姜维，断其归路，钟会则进攻汉中。

钟会进入汉中后，姜维退守剑阁。钟会进攻姜维，但未能取胜。邓艾上疏建议从阴平沿小路直扑离成都只有三百余里的涪县，直击敌人的心脏。到时，姜维必引兵救援涪县，钟会便可乘虚而入。若姜维死守剑阁而不救涪县，涪县便兵力薄弱，魏军可以攻其不备，直捣成都。

十月,邓艾率军从阴平一处人迹罕至的荒野向涪县进发,进军七百余里。他们凿山开路,架设栈道,山高谷深,环境极其凶险,而且运来的粮食快要吃尽,士兵疲惫不堪。邓艾为了尽快到达涪县,用毛巾裹住自己的身体,让别人推动滚下山坡,一时间士气大振,他们攀木爬崖,像鱼群游动一样前进。他们首先到了江由县,西蜀守将马邈投降。蜀将诸葛瞻从涪县退至绵竹,布阵狙击邓艾。

邓艾

邓艾派师纂和自己的儿子邓忠率兵左右包抄,但二人出击均告失利。二人退回来向邓艾说:"敌人坚守牢固,无法攻破。"邓艾大骂两人,喝道:"生死存亡就靠这一战了,还有什么不能攻击的?"两人飞马再战,斩杀了诸葛瞻和尚书张遵等,蜀军大败。魏军进军到雒县,邓艾率兵进驻成都,后主刘禅派使者来到邓艾营前请降。

邓艾接受了刘禅的投降,下令将士不得抢掠百姓,要安抚降兵,让他们重操故业。邓艾又依东汉初年邓禹的做法,秉承皇帝的旨意封刘禅为代理骠骑大将军,太子为奉车,诸王为驸马都尉。蜀国旧臣或按情况任命为新官,或成为邓艾的部属。同时,他又命人把敌人的尸骨堆积起来,以显武威。

邓艾居功自傲,对蜀国的大夫说:"幸好你们遇上了我,若是遇上像吴汉(东汉光武帝名将,当年攻入成都后放兵抢掠)这类人,恐怕早就被杀掉了。"又取笑姜维虽是一代英雄,但与他相遇,也就变得穷途末路了。有见识的人听了这话,无不嘲笑邓艾自大。

---历代例句---

始经魑魅之途,卒践无人之境。

(东晋 孙绰《游天台山赋》)

陛下必欲曲赦本立,请弃臣于无人之境,为忠贞将来之诫。

(后晋 刘昫等《旧唐书》)

一上而一下，使中流荡然，虏安行入无人之境，国安得不亡？

（南宋　文天祥《集杜诗·〈京湖宣阃〉诗序》）

她却是大无畏的，对于这些全不关心，只是镇静地缓缓前行，坦然如入无人之境。

（近代　鲁迅《彷徨·伤逝》）

绝伦逸群 并驱争先

- **释　义**　绝伦逸群：超出众人，没有可相比的。
  并驱争先：形容彼此的能力不相伯仲，能一争高下。

- **【出　处】**　孟起兼资文武……当与益德并驱争先，犹未及髯（关羽）之绝伦逸群也。

  （陈寿《三国志·蜀志·关羽传》）

- **近义词**　绝伦逸群：出众超群、超群绝伦
  并驱争先：并驾齐驱
- **反义词**　绝伦逸群：庸庸碌碌
  并驱争先：天壤之别

■ 故事背景

关羽为蜀汉名将，有美髯公之称。他一生协助刘备建功立业，诸葛亮赞扬他的能力出众超群，后世称许他忠肝义胆、义薄云天。

东汉末年，关羽因避战乱逃亡到涿郡，遇上刘备招兵买马。关羽加盟，自此跟随着刘备南征北讨，抗敌作战。

建安五年（200年）正月，曹操东征徐州。刘备战败，投奔袁绍，关羽被曹操擒获。曹操敬重关羽勇武和为

人，试图以赏赐留住关羽。关羽认为刘备对自己有恩，绝不能背叛刘备。二月，袁绍派大将颜良在白马进攻东郡，关羽斩毙颜良，为曹操解除白马之围后留书告辞，重返刘备阵营。

建安十三年赤壁之战后，刘备取得荆州，派诸葛亮和关羽留守荆州。建安十八年，刘备攻打益州，召诸葛亮、张飞和赵云率兵来助，围攻成都。这时，本来打算投靠张绣的马超归降，刘备十分高兴，让马超率兵一起围攻成都。不出十日，益州牧刘璋开城投降。刘备接任益州牧后册封众将，诸葛亮为军师将军、张飞为征远将军、赵云为镇远将军、马超亦获封为平西将军，与关羽、张飞平起平坐。

关羽得悉后心生不满，便写信给诸葛亮打探马超虚实。诸葛亮为平服关羽的心情，回信予关羽写道："听说将军想了解孟起（马超）的武艺才能可与谁人匹敌。以我所看，孟起文武兼备，雄健刚烈胜过许多人，能力赶得上汉朝初年的猛将黥布和彭越，可与翼德（张飞）并驾齐驱、一争高下，但若与美髯公你相比，就远远不及你超群出众了。主公委你以重任，让你留守荆州，是相信以你一个人的能力也能稳守着这兵家重地。若你来成都而荆州失守，就会惹下弥天大祸，罪大难恕。"关羽听了十分开心，还把信函让在座宾客传阅。

■ 延伸阅读

　　三国人物中有"三绝"：诸葛亮为"智绝"，关羽为"义绝"，曹操为"奸绝"。关羽千年以来为后世视为"忠、勇、义"的典范，受人崇拜。关庙崇拜遍及中国，乃至世界各地均能得见。陈寿评论关羽"万人敌，为世虎臣。羽报效曹公……有国士之风。然羽刚而自矜……"。由关羽对得马超和后来的黄忠，以及拒绝孙权的联姻，都可窥关羽刚而自矜自傲的个性。日后荆州兵败而殒命，也与他行事自骄自傲有关。

―――― 历代例句 ――――

　　杨素，少落拓，有大志，不拘小节，世人多未之知，唯从叔祖魏尚书仆射宽深异之，每谓子孙曰："处道当逸群绝伦，非常之器，非汝曹所逮也。"

（宋　李昉《太平御览》）

断头将军

■ **释　义**　比喻坚决抵抗、宁死不屈的将领。

【出　处】　至江州，破璋将巴郡太守严颜，生获颜。飞呵颜曰："大军至，何以不降而敢拒战？"颜答曰："卿等无状，侵夺我州，我州但有断头将军，无有降将军也。"

（陈寿《三国志·蜀志·张飞传》）

■ **故事背景**

刘璋的部下严颜宁死也不投降。

张飞，字翼德，年轻时已与关羽一同追随刘备。建安十三年（208年），刘表去世，曹操进入荆州，刘备逃往江南。曹操追击了一日一夜，在当阳县长坂坡追上刘备。刘备扔下妻儿逃走，命张飞率二十名骑兵殿后抵挡曹兵。

张飞占据了河岸，拆断桥梁，怒目横枪，大声斥喝："我是张翼德，有胆过来与我决一死战！"曹军全都不敢近前，于是刘备等人得以脱险。

刘备平定荆州以南各郡后，任命张飞为宜都太守、征虏将军，封为新亭侯，后又转任南郡太守。建安十九年，刘备入益州，回军攻打刘璋。张飞与诸葛亮等人沿长江逆流而上，分兵平定了沿途郡县。张飞到了江州，掳获刘璋的将领严颜。张飞大声对严颜说："我大军到来，你为什么不投降，还敢抗拒？"严颜说："你们这些人如此无礼，侵夺我州，我州只有不怕死的将军，没有投降的将军。"张飞大怒，命令左右把严颜推出处斩。严颜毫无惧色，说道："砍头就砍头，何必发火呢？"张飞佩服严颜的豪壮，便给他松绑，将严颜当成贵宾般礼待。

张飞所向披靡，与刘备在成都会合。益州平定后，刘备赏赐诸葛亮、法正、张飞和关羽每人黄金五百斤，白银一千斤，钱五千万，布帛一千匹，其余众人亦按等级得到赏赐。张飞兼任巴西郡太守。

■ 延伸阅读

张飞在《三国演义》中，被刻画成一名鲁莽的虎将，乃蜀汉"五虎将"之一，地位仅次于关羽。在真实三国历史中，张飞确实是一名"万人敌"的虎将。当时曹操的谋臣程昱、傅干曾异口同声地说张飞乃"万人敌"，董晔则说他"勇冠三军"，陈寿赞评张飞是"为世虎臣"。所以演义故事描写张飞是一名虎将，是有凭据的。

张飞绝非一介勇夫。在汉中，他智胜曹操名将张郃；他敬重有学养的人，擅书法。他的忠肝义胆尤为后世所敬仰，这一点，由各地兴建的张飞庙数量上也可见一斑。

———— 历代例句 ————

修答守之以死，誓为断头将军。

（唐 李延寿《南史》）

除却一死，无可报国，大小三军，都来看断头将军呀！

（清 孔尚任《桃花扇》）

疲于奔命

■ 释　义　因奉命奔走而劳累不堪。后泛指事务繁多，忙于应付而疲惫不堪。

【出　处】　乘虚迭出，以扰河南，救右则击其左，救左则击其右，使敌疲于奔命。

（陈寿《三国志·魏志·袁绍传》）

■ 近义词　席不暇暖、四处奔波
■ 反义词　悠闲自得

■ 故事背景

　　袁绍向南进军时，田丰向袁绍献策，怎样令曹军疲于奔命，袁绍不听，结果在官渡之战中大败。

　　建安五年（200年），袁绍率军讨伐曹操，沮授虽然一再向袁绍提出对付曹军的计策，但都没有被采纳。结果，袁军一再战败，颜良、文丑等人被曹军斩杀，沮授被擒，后计划逃返袁军时亦被曹操所杀。

　　不久，袁绍率军南下，田丰想要劝阻袁绍，他向袁绍进谏道："曹军人数虽然不及我们，但曹操善于用兵，而且变化多端，绝不可轻视，我们宜与曹操打持久战。将

田丰

军现在已经占领了这四个州郡,这里地势险要,外敌难以入侵,将军大可暂时稳守四州,对外广交四方贤士,对内则善用四州的土地和百姓发展农业、储备粮食、操练兵马。然后我们组织几队奇兵,待曹军不备时轮流出击。曹军救援右边我们就攻左边,曹军救援左边我们就攻右边,如此连续不断,令曹军忙着应付而疲惫不堪,百姓不得安宁。不用两年,我军不需大动干戈便能拖垮曹军。若将军你放弃这经过深思熟虑的长远之策,轻率动兵,万一这一仗打败,你可就后悔不及了。"田丰一再劝说,惹得袁绍大怒,反斥责田丰的言论扰乱军心,下令将田丰锁上脚镣,押下囚禁。

袁绍果然大败,有人对田丰说:"你所言非虚,大将军一定会更加看重你了。"田丰叹气说:"将军胜利,我尚有机会保存性命,如今将军打败,我是必死无疑了。"果然,袁绍回到邺城后,对左右说:"当初我没有听田丰的意见,现在他一定会取笑我。"于是传令杀掉田丰。

历代例句

使敌疲于奔命,人不得安业,我未劳而彼已困,不及三年,可坐克也。

（南朝宋　范晔《后汉书》）

吾以云骑风驰,出其不意,救前则击其后,救后则击其前,使彼疲于奔命。

（唐　房玄龄等《晋书》）

且彼或来借粮,或来借兵；公若应之,是疲于奔命,而又结怨于人；若其不允,是弃亲而启兵端也。

（明　罗贯中《三国演义》）

背本就末　翻然改图

- **释　义**　背本就末：背离根本，追逐末节。翻然改图：迅速改变过来，另作打算。

- **【出　处】**　何期臣仆吴越，背本就末乎？……将军若能翻然改图，易迹更步，古人不难追，鄙土何足宰哉！

　　　　　　（陈寿《三国志·蜀志·吕凯传》）

- **近义词**　背本就末：背本逐末

■ 故事背景

　　蜀国吕凯发出檄文，声讨雍闿的罪行。

　　吕凯是永昌郡不韦县人，曾任郡中五官掾功曹。章武三年（223年），刘备崩逝。益州郡耆帅雍闿得悉刘备死讯后，更加骄横跋扈，经常滋扰当地，其后雍闿更投降东吴，东吴任命他为永昌太守。

　　雍闿意图强闯永昌郡，吕凯和府丞王伉率兵对抗，雍闿无法进郡。雍闿一再发檄文到永昌，劝诱吕凯，但吕凯不为所动，反而发出檄文，声讨雍闿："上天降下丧乱，奸雄乘势四起，为天下人切齿痛恨，其他邦国亦为之悲恸。臣民上下，不论老幼都竭尽心力欲解除国难。将军你世代受到汉朝恩惠，我以为你会率先召集兵马，对上报答国家，对下不负祖辈，建立功绩，名留史册。没想到你竟然倒戈相向，向东吴俯首称臣，这不是舍本逐末吗？从前大舜竭力尽心为百姓办事，最后身葬江南，他名留千古，是何等悲壮的事。周文王、武王承受天命，到周成王时才平定天下。先帝（刘邦）建立汉朝，天下人望风归附，贤臣辅助，上天降下盛世太平，可是你看不到盛衰的记载与成败征兆。你现在的所作所为犹如野火燎原，踏在冰河上，一旦火灭冰消，你还可以依靠谁？你的祖先雍侯虽与汉结怨，但仍得到汉室封爵赐土。

"新莽末年，窦融看准时势，知道东汉将兴而归顺世祖（刘秀），因而得到后世歌颂。如今诸葛丞相英明，高瞻远瞩，他接受先帝临终托孤的重任，辅助蜀汉复兴大业，不计前嫌，奖赏功绩不念小过。如果你能迅速改变主意，重归正道，就不难像古人一样。到时，你哪会只管理永昌这小地方？我听说过楚国对周朝无礼，齐桓公就去责问楚国；夫差称王，晋国却不尊敬夫差，何况你现在所臣服的并非明主，谁会信服你？我想到古人大义，为臣者不与境外之人交往,所以我与你是有来无往。现在一再收到你的檄文,我不惜废寝忘食地表述一下我的想法,希望将军你明察。"

建兴三年（225年）,诸葛亮南征讨伐雍闿、高定等,军队还在路上,雍闿已被高定的部下所杀。诸葛亮到南方后上奏朝廷,赞扬吕凯和王伉等人虽在边陲之地,仍忠心朝廷,奋力抵御雍闿和高定。于是朝廷任命吕凯为云南太守,封为阳迁亭侯。可惜吕凯被其他叛乱的少数民族杀害,爵位由其儿子吕祥承继。而王伉被任命为永昌太守,也获封为亭侯。

---- 历代例句 ----

若能翻然改图,因机立功,非止肆眚,乃加赏擢。

（唐 姚思廉《陈书》）

改曲易调

■ 释　义　比喻改变策略或做法。

【出　处】臣窃亮陛下潜神默思，公听并观，若事有未尽于理而物有未周于用，将改曲易调，远与黄唐角功，近昭武文之迹，岂近习而已哉！

（陈寿《三国志·魏志·蒋济传》）

■ 近义词　改弦易辙

■ 故事背景

蒋济劝谏魏明帝曹叡不要将权力下放予朝臣和内侍臣，以免他们借机把弄朝政，祸害国家。

蒋济是曹魏的三代重臣，他敢言直谏，因此深得信任。曹操曾说，有蒋济在旁，他就安心。曹丕即位为文帝时，蒋济官至尚书。黄初七年（226年），曹叡继位后，赐蒋济为关内侯。

当时，中书监刘放、中书令孙资仗着是皇帝近臣而揽权，于是蒋济上疏劝谏，大意是："大臣的权力过大就容易颠覆国家，帝皇过于亲近身边大臣则容易受蒙蔽。古往今来，这样的例子屡见不鲜。陛下没有轻易将大权授予大臣，自己亲理朝政，则可令群臣敬服、不敢轻慢，但也希望陛下不要忘记如何对待左右近侍。近侍的谋略远见未必比得过朝中大臣，但有些近侍可能很擅长谄媚逢迎、取悦皇帝。现在外面的人说话，常借故说是中书的话，这些话容易蛊惑人心。何况他们掌握着国家机要，倘若他们趁陛下一时不察而擅做决定，众臣就会以为他们能影响陛下的决定，随时会巴结他们。一旦开了这样的头，大臣与近侍随时会私下来往，互相勾结。到时，向上反映情况的正当渠道可能会被阻塞，阿谀奉承左右侍臣的人反而能够影响大局。这些近侍意图涉足国事的形迹已表露无遗，只是朝臣敢怒而不敢言。

"微臣相信陛下会静心思考，聆听各方意见，如果发现事情不合情理，没有全面发挥作用，就改变策略和做法。陛下远可以媲美黄帝、唐尧的功绩，近可以光耀武帝和文帝的伟业，然而再聪明的君主也不可能知悉天下所有的事，必须有人辅助。一个没有周公的忠诚、没有管仲般公正的大臣却兼任了三个官职，就容易弄权。当今栋梁之材虽然不多，但还有很多德行、智慧符合一个州官的要求，又愿意竭尽忠诚，恪守其职的人可供朝廷差遣，他们不会让朝廷背上任用独断独行的官吏的污名。"

曹叡看了奏疏后下诏称赞蒋济："刚直的大臣，是君主所倚仗的。蒋济文武兼备，尽忠职守，每有军国大事，总有上奏议论，忠诚奋发，朕十分重视。"随即升蒋济为护军将军，加官为散骑常侍。

景初年间，朝廷对外征战频繁，内部大兴土木，又遇上粮食歉收，民怨载道。蒋济上疏，提出当前急务是剿灭吴、蜀两国，让百姓休养生息。先做可益子孙后代的伟业，暂时放下无关紧要的事。曹叡又下诏说："如果没有护军将军，朕就不会听到这样的话了。"

背城一战

- **释　义**　指与敌人做最后的决战。也泛指做最后一次努力或拼搏。

- **【出　处】**　"六年夏。"裴松之注引晋习凿齿《汉晋春秋》：北地王谌怒曰："若理穷力屈，祸败必及，便当父子君臣背城一战，同死社稷，以见先帝可也。"

（陈寿《三国志·蜀志·后主传》）

- **近义词**　背水一战、背城借一

■ 故事背景

　　成都沦陷，蜀后主刘禅欲投降，北地王劝阻无效，以身殉国。

　　景耀六年（263年）夏天，魏国举兵伐蜀。冬天，魏将邓艾在绵竹击败诸葛瞻，直捣成都。光禄大夫谯周上奏建议刘禅向邓艾投降。刘禅长子北地王刘谌极力阻止。刘谌愤怒地说："即使国家到了穷途末路，灾祸和失败降临，也应该父子君臣团结一致做最后一战，与江山社稷共存亡，这样才有颜面去见先帝。"

　　可惜刘禅没有理会刘谌的劝谏，向邓艾投降，降书写道:"因江、汉二水阻隔,地处边远,凭借蜀国偏处一隅,负隅顽抗,违背天意。岁月流逝,渐与京城隔绝疏远。我常回想黄初年间,魏文皇帝派遣虎牙将军鲜于辅来到蜀地,向我好言诏命,申明给蜀汉的恩惠,广开归顺之门,恩义浩大。可惜我德行浅薄,不明大体,贪恋先父留下来的帝位,妄图苟延残喘多年,没有遵从教化。天威既已震怒,人鬼归顺有时,天朝雄师所到之处,谁敢不洗心革面,顺从天命!我现在下令各军将领放下武器,卸下盔甲,不损毁官府国库一分一毫,百姓留在田野,保留所有粮食,以待天朝赐惠,保全百姓生命。我俯伏地上,期盼大魏广布恩德,普施教化,像伊尹、周公那样的贤相一样,恩泽天下。现在谨派侍中张绍、光禄大夫谯周、驸马都尉邓良奉上皇帝印信,以示我的诚意和忠诚。我是生是死,任凭将军定夺。我抬着棺材前来请降,余下不赘述。"

同日,刘谌因国家灭亡而悲痛不已,带着妻儿到了刘备的宗庙中痛哭,然后以身殉国。

———— 历代例句 ————

古今文字之祸,其端有三:或君子以此攻击小人,而为背城一战之举。

(明　陈继儒《读书镜》)

一来他自己打定主意,定要趁今日这个机缘,背城一战,作成姑娘这段良缘。

(清　文康《儿女英雄传》)

可是吉人的意见有点不同。他觉得此时我们一补进,就是前功尽弃;他主张背城一战!

(近代　茅盾《子夜》)

穷兵黩武

- **释 义** 用尽全部兵力，任意发动战争。

- **【出 处】** 抗上疏："今不务富国强兵，力农蓄谷……而听诸将徇名，穷兵黩武，动费万计，士卒雕瘁，寇不为衰，而我已大病矣。"

（陈寿《三国志·吴志·陆抗传》）

- **近义词** 穷兵极武

■ 故事背景

陆抗反对吴帝孙皓频频用兵，劳民伤财。

吴赤乌八年（245年），陆逊去世，儿子陆抗继承爵位，后官至大司马，被任命为信陵、西陵、夷道、乐乡和公安的都督。

凤凰元年（272年），西陵督步阐占据城池发动暴乱，并派人前往晋国求降。陆抗率军到西陵后，采取围而不攻的战术，下令各军加修坚固围墙，对内包围步阐，对外则防御晋军侵袭。又命江陵都督张咸加强防守，公安督孙遵巡视长江南岸抵御晋国将军羊祜，最终羊祜无功而返。陆抗亦攻陷西陵（西陵之战），剿灭步阐一族及重要官员。

孙皓在位期间，军队出征频繁，百姓怨声载道。陆抗于是上疏说："昔日商汤是因夏桀罪孽太多才出兵讨伐，周武王因商纣暴虐无道才授钺出征，如果时机未到，他们都不会轻举妄动。如今我国应施行富国强兵的举措，储备粮食，让文武人才都能够施展才华，严禁百官疏忽职守，赏罚分明，以道德教化各级官吏，用仁义安抚百姓，然后顺承天命，待适当时机，才席卷天下。如果只听任众将为立功而不停地作战，动辄耗费数以万计的国家钱财，使士卒困苦疲惫，敌人还没衰败，我们已困乏不堪了。现在只为了争取帝皇的资格，而被眼前小小利益所蒙蔽，这是臣子的奸恶，绝非治理国家的良策。从前齐鲁交战三次，鲁国虽然战胜两次，但很快便灭亡，究其原因，是两国实力强弱不同。何况现在用兵征战的成果远远不能补偿所遭受的损失，实应暂停征战，先休养生息，静待时机，才不会做出后悔的事。"

孙皓

凤凰二年，陆抗官拜大司马、荆州牧。第二年，陆抗患病，他上疏分析局势，指出西陵和建平地处长江下游，是国家西边重要的边防屏障，然而长时间受到魏、蜀的威胁，如果敌人船只顺江而下，顷刻便会兵临城下。万一西陵失守，连整个荆州也会失去，因此，必须增派军队加强防守。他请求孙皓考虑他的意见，如果按他的意见行事，那么孙皓死后，声名、事业也将长存。同年秋天，陆抗去世，爵位由儿子陆晏继承。

---- 历代例句 ----

今旌麾首路，其所经至，亦不欲穷兵极武，有能弃邪从正，箪食壶浆以迎王师者，国有常典，封宠大小，各有品限。

（陈寿《三国志·蜀志·后主传》）

穷兵黩武今如此，鼎湖飞龙安可乘。

（唐 李白《李太白诗》）

甘冒虎口

■ **释 义** 指甘愿冒着走向虎口被吞噬的危险，引申为甘冒生命危险。

【出 处】 "吾不用田丰言，果为所笑。"裴松之注引晋孙盛曰："丰知绍将败，败则己必死，甘冒虎口以尽忠规，烈士之于所事，虑不存己。"

（陈寿《三国志·魏志·袁绍传》）

■ 近义词　视死如归
■ 反义词　贪生怕死

■ 故事背景

田丰是袁绍麾下的重要谋臣，敢言直谏，忠心为主。

田丰年少时已负盛名，个性耿直，曾在汉室当官，但眼见朝中腐败，宁愿辞官回乡。汉献帝初平二年（191年），袁绍占据冀州时听到田丰的名气，便任命田丰为自己的军师。田丰曾献谋运计帮助袁绍击败北方最大的对手公孙瓒，雄霸北方。但所谓忠言逆耳，田丰的敢言直谏，也经常激怒袁绍。

献帝建安五年（200年），袁绍率军南下欲攻打曹操，田丰极力阻止袁绍。但是，田丰的一再劝说惹得袁绍大怒，反斥责田丰的言论扰乱军心，于是下令给田丰锁上脚镣，押下囚禁。

在这场著名的官渡之战中，袁绍果然大败。袁绍回邺城后，认为田丰会取笑自己，传令杀掉田丰。

东晋史学家裴松之《三国志注》引用另一位史学家孙盛的话形容田丰：明知道若袁绍打败仗，自己就一定会招来杀身之祸，但仍甘冒生命危险也要苦心进谏，可见忠臣烈士宁愿舍身不顾也要存忠存义。也能看出袁绍的心胸狭窄，只顾面子，得忠臣而不能用的心性。

与袁绍相比，曹操就宽宏得多。袁绍逝世后，长子袁谭和幼子袁尚为争继承权而不和，袁谭与曹操作战时被杀，袁尚与二哥袁熙避走乌桓。乌桓多次在北方作乱，曹操计划远征华北，一些将领以担心刘备、刘表乘虚而入进行劝阻，只有谋士郭嘉支持曹操出兵。

建安十二年夏，曹操率

田丰

军北征，在白狼山遇上敌军，敌军人多势众，一度吓怕曹军。曹操登上高处，发觉敌军阵容不整，于是派张辽为先锋，领军出击，结果大败敌军。曹军撤回后，曹操重赏曾劝阻他北伐的人，并承认当时的决定的确有些草率，能够获胜真是上天眷顾。众位贤士的劝谏，才是万全之策。

■ 延伸阅读

官渡战前，荀彧的"四胜四败"、郭嘉的"十胜十败"评论曹操和袁绍的优劣，主要在个性和修养上着眼，结果终如所说。诸葛亮在著名的《隆中对》中，就明确地指出"曹操比于袁绍，则名微而众寡，然操遂能克绍，以弱为强者，非唯天时，抑亦人谋也"。诸葛亮所指的"人谋"，不仅指谋略，也包括了个人的性格和修养，而力量和计算不一定是成功的保障。

出版说明

三国故事和人物是中国历史上最为人熟悉、最令人感兴趣的内容之一。本书探讨"三国"话题，选取七十余个三国时期的成语（包括四字词语及常用词语），让读者认识更多的三国故事和人物，亦能从中掌握成语的意思和使用方法。

本书特点：

1. 读三国故事，学习成语

本书所选的三国成语故事，重视现代的教育意义；而成语本身，仍具语言的生命力，可以活用。读者通过阅读本书，不仅可以了解不同三国人物的故事，还能提高文学素养和语文水平。

2. 丰富的内容结构，集历史与中文学习于一体

本书内容包括：解释成语的意义；说明成语的出处；罗列本成语的近义词、反义词；讲述成语的背景故事；通过延伸阅读点示成语故事对现今生活的启示；最后精选该成语的历代例句，使读者更易掌握和准确地加以运用。

3. 为故事主角配上画像

为每位主要三国人物配上精美的画像，让读者对各人物有更全面的印象。全书图文并茂，增添阅读趣味。